D1640799

ars vivendi

100 X

VERFÜHRT

NÜRNBERG

FÜRTH | ERLANGEN

ars vivendi

Rock im Kloster und Kabarett zwischen Haushaltsgeräten
Kunst & Kultur

Provenzalisches, Frankenwein und Prilblumen
Essen & Trinken

Cupcakes mit Guinness und Pizza vom Afghanen
Essen & Trinken

Natur und kreative Entfaltung im Zeichen des Kleeblatts
Freizeit

Eine Strickmütze von Oma, dazu ein Glas Single Malt
Shopping

Erlangen

Vom Nachsitzen, weißen Kaninchen und Freiluftpoeten
Kunst & Kultur

Hier dreht sich alles um den Berg
Essen & Trinken

Von künstlichen Tropfsteinhöhlen und Pferden im Wald
Freizeit

Camembert in Calvados und japanische Keramik
Shopping

NÜRNBERG

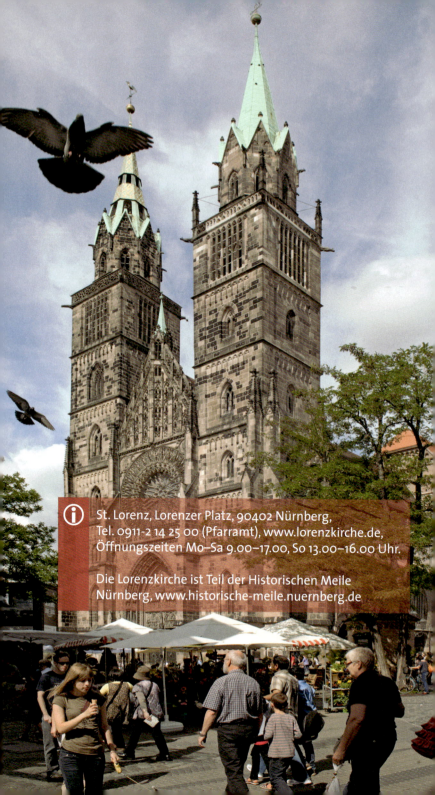

St. Lorenz, Lorenzer Platz, 90402 Nürnberg,
Tel. 0911-2 14 25 00 (Pfarramt), www.lorenzkirche.de,
Öffnungszeiten Mo–Sa 9.00–17.00, So 13.00–16.00 Uhr.

Die Lorenzkirche ist Teil der Historischen Meile
Nürnberg, www.historische-meile.nuernberg.de

Wer als Tourist nach Nürnberg kommt, wird, egal wie bescheiden sein Programm ist, nicht an ihr vorbeikommen. Wer hier lebt, für den prägen die beiden markanten Türme zusammen mit denen von St. Sebald (siehe Seite 24) und der Silhouette der Burg das Stadtbild. Selbst wer nicht viel mit Kirche am Hut hat, kommt kaum umhin, die Wucht des gotischen Gebäudes, das den Lorenzer Platz in jeder Hinsicht dominiert, im Vorübergehen zu spüren und sich vielleicht von der reichen und wechselhaften Geschichte der Kirche in den Bann ziehen zu lassen. Schließlich bündelt sich in kaum einem anderen Bauwerk in Franken so viel an genialer, wenn auch inhomogener Architektur, an Kunstschätzen, an Zeugnissen tiefen Glaubens ebenso wie bürgerlichen Selbstbewusstseins und nicht zuletzt an Liebe zu den Schätzen der Vergangenheit – auch durch Zeiten des Aufruhrs, der Vernachlässigung und des Kriegsleides hindurch.

Angesichts der bewegten, mehr als ein Jahrtausend währenden Geschichte der Kirche grenzt es an ein Wunder, dass Nürnbergbesucher ebenso wie die an den Anblick gewöhnten Einheimischen und Betenden den Engelsgruß auch heute noch in seiner ganzen Schönheit vorfinden können. Dass die Nürnberger Patrizier zwar die Reformation annahmen, aber einen Bildersturm wie in so vielen protestantischen Gegenden verweigerten und auf diese Weise unschätzbare Kunstwerke vor der Vernichtung bewahrten; dass der im Zuge der Säkularisierung in tausend Stücke zerbrochene Engelsgruß in mühevoller Kleinarbeit wieder zusammengesetzt wurde; dass die meisten Kunstschätze in ihren Verstecken die Zerstörungen der Bomben unbeschadet überstanden, all das kann den Gläubigen ebenso wie das »Weltkind« mit einer gewissen Ehrfurcht erfüllen.

Am prominentesten ist natürlich der Engelsgruß, auf den der Kirchenraum regelrecht zuläuft, doch auch das Sakramentshaus, getragen von den aus weichem Sandstein gehauenen Figuren des Bildhauers Adam Kraft und seiner Gesellen fasziniert mit seiner Höhe und Wucht ebenso wie mit seinen feinen Ornamenten – geschwungene Bögen, so zart, als könnten sie nicht aus einem so schweren, spröden Material wie Stein bestehen. Die Seitenaltäre, die Glasfenster, die vielen Heiligenfiguren, den Christus am Kreuz, möglicherweise ein Spätwerk von Veit Stoß – ein Gang durch die Kirche lädt zu vielen kleinen und großen Entdeckungen und vielen Momenten des Staunens und Stillwerdens ein. *SA*

Die Lorenzkirche im Zentrum der Altstadt ist eines der Wahrzeichen von Nürnberg.

ⓘ St. Klara, Königstraße 64, 90402 Nürnberg,
Tel. 0911-2 34 61 90, www.st-klara-nuernberg.de,
Öffnungszeiten tägl. 8.00–21.00 Uhr, Termine für
Gottesdienste und Sonderveranstaltungen auf der
Website.

Wurstdurst, Luitpoldstraße 13, 90402 Nürnberg,
Tel. 0911-99 28 58 80, www.wurstdurst.info,
Öffnungszeiten Di–Do 11.00–18.00, Fr–Sa
11.00–5.00 Uhr.

Die Klarakirche ist Teil der Historischen Meile
Nürnberg, www.historische-meile.nuernberg.de

So alt die Klarakirche in ihrem romanisch-gotischen Kleid von außen auch aussehen mag, so unerwartet modern wirkt sie von innen. Das beginnt schon im Eingangsbereich. Den Besucher empfängt in der umgebauten Caritas-Pirckheimer-Kapelle eine Mondsichelmadonna aus dem 15. Jahrhundert, umhüllt von einem Heiligenschein der besonderen Art: eine geschwungene Wand aus Holz und Glas, das je nach Lichteinfall türkis, blau oder grün leuchtet. Geradezu minimalistisch erweist sich nicht nur diese Lichtergrotte, sondern der komplette Innenraum der Kirche. Die hellen Bänke und die Wendeltreppe, die zum Kreuzweg auf der Empore führt, erinnern an schlichtes skandinavisches Design.

Auch wenn St. Klara eines der modernsten Gotteshäuser in Nürnberg ist, zählt es doch eigentlich zu den ältesten. 1240 erbaut und 1274 eingeweiht, gehörte die Kirche bis ins 16. Jahrhundert zum Klarissenkloster. Aufmerksamkeit erregte der Orden während der Reformationszeit, was vor allem am Mut seiner Äbtissin Caritas Pirckheimer (1467–1532) lag. Im Jahr 1525 sollten alle Klöster in der Stadt geschlossen werden. Doch die Schwester des Humanisten Willibald Pirckheimer widersetzte sich dem Druck des Nürnberger Rats und der lutherischen Härte. Mit Erfolg: Das Klarissenkloster durfte bis zum Tod der letzten Novizin im Jahr 1596 bestehen bleiben. Ihr Glaube und die Treue zur Kirche zeichneten Caritas Pirckheimer aus, und dennoch hatte diese hochgebildete Frau keine Berührungsängste mit Andersdenkenden.

Darauf besinnt sich St. Klara noch heute. In der »offenen Kirche« sind alle Gläubigen willkommen, unabhängig von der Konfession. Selbst Nichtgläubige finden hier einen Rückzugsort – zum Trauern oder um ihren Kummer bei der Katholischen City-Seelsorge abzuladen, die ihren Sitz in der Kirche hat. Auch Feierlaunige finden hier ein Zuhause: Neben Gottesdiensten gibt es auch kulturelle Veranstaltungen. Lesungen, Konzerte, Ballettaufführungen, Kunstausstellungen und selbst Kino stehen auf dem »kneipenkompatiblen« Programm – das Bier muss dabei aber natürlich draußen bleiben.

Wer hinterher Hunger verspürt, dem empfehlen wir einen Abstecher zum nahegelegenen *Wurstdurst*. In dem winzigen Laden gibt es die leckerste Currywurst der ganzen Stadt. Bei der Auswahl an experimentierfreudigen Dips – zum Beispiel Pflaumen- oder Spekulatius-Ketchup – dürften selbst Berliner neidisch werden. *SW*

Die Mondsichelmadonna in der
Caritas-Pirckheimer-Kapelle

Auf den Spuren von Goethes »Entenmann«

Zugegeben, es gibt beeindruckendere Brunnen in Nürnberg. Den Schönen Brunnen, der gleich um die Ecke steht und bei sonnigem Wetter schon mit dem Glanz von Gold die Aufmerksamkeit auf sich lenkt. Das Ehekarussell, verstörend zwar, aber mit Raum für Kontemplation über die Abgründe menschlichen Zusammenlebens. Oder das polarisierende Narrenschiff, das trotz gegenteiliger Bemühungen des Bildhauers Jürgen Weber nach wie vor auf dem Trockenen liegt. Dagegen ist der Gänsemännchenbrunnen am Hauptmarkt hinter dem Neuen Rathaus eher unscheinbar – eine kleine Bronzestatue, noch dazu hinter einem Gitter, zwei Gänse unter dem Arm, aus deren Schnäbeln das Wasser läuft.

Um 1550 von Pankraz Labenwolf nach einem Holzmodell gegossen, das Hans Peisser zugeschrieben wird – zu besichtigen im Stadtmuseum Fembohaus (siehe Seite 28) –, stellt das Gänsemännchen wohl einen Knoblauchslandbauern dar. Er trägt seine beiden Gänse zum Markt – dem Gänsemarkt, heute Obstmarkt, auf dem die Figur bis zum Jahr 1945 stand. Es ist wahrscheinlich nur eine schöne Legende, die dem Bauern nachsagt, das Geschrei der todgeweihten Gänse habe ihn dazu bewogen umzukehren, anstatt die Tiere auf dem Markt zum Schlachten zu verkaufen, aber sie verleiht der bescheidenen Bronzestatue trotzdem einen gewissen Nimbus.

Doch der Gänsemann hat historisch noch mehr zu bieten als die ihm nachgesagte Barmherzigkeit. Kein anderer Brunnen der Stadt wurde häufiger kopiert. Johann Wolfgang von Goethe war bei einem seiner Besuche in der Stadt so von ihm angetan, dass er sich eine verkleinerte Kopie des »Entenmannes« anfertigen ließ, den er für ein typisches Beispiel der deutschen Kunst des 16. Jahrhunderts hielt. Möglicherweise auf seine Anregung hin wurde in Weimar eine Kopie der Figur aufgestellt, die sich in der heutigen Schillerstraße befindet und zu Weimars beliebtesten Brunnen zählt.

Doch zurück zum Original und nach Nürnberg. Dass der Gänsemann einst Goethe und König Ludwig II. nachhaltig beeindruckt hat, merkt man ihm nicht an, wie er da unbeirrt seine Tiere zu Markte – oder unversehrt wieder nach Hause – trägt, und dass Jakob Wassermann ihn im Titel seines in Nürnberg spielenden Künstlerromans verewigt hat, auch nicht. Unter den Sehenswürdigkeiten der Stadt gehört er damit zu den unprätentiösen, den bescheidenen, denen, die erst auf den zweiten Blick Interesse wecken. *SA*

Das eher unscheinbare Gänsemännchen zog bereits Goethe in seinen Bann.

ⓘ Henkerhaus, Trödelmarkt 58, 90403 Nürnberg,
Tel. 0911-30 73 60, www.henkerhaus-nuernberg.de,
Öffnungszeiten Apr–Dez Sa–So 14.00–18.00 Uhr.

Weitere Informationen und Gruppenführung über
Geschichte für Alle e. V., Tel. 0911-30 73 60
(Bürozeiten Mo–Di, Do 9.00–12.30 und 14.00–17.00,
Mi 9.00–12.30 und 15.00–17.00, Fr 9.00–14.00 Uhr),
www.geschichte-fuer-alle.de

Der Henkersteg ist Teil der Historischen Meile
Nürnberg, www.historische-meile.nuernberg.de

Warum Franz Schmidt Tagebuch geschrieben hat, weiß niemand so genau. Er war Scharfrichter, ein »Unehrlicher«, dem die Leute aus dem Weg gingen und den sie gleichwohl schätzten. »Meister Franz« nannte man ihn, denn er konnte köpfen wie kein anderer.

Etwa 361 Delinquenten hat Franz Schmidt in seiner Dienstzeit in Nürnberg zwischen 1578 und 1618 hingerichtet, an vielen Anderen Leibstrafen wie das Herausschneiden der Zunge oder das Brandmarken vollzogen. Grausig, oder? Wer heute über die Treppe in den Henkerturm hinaufsteigt, spürt in den lichten Räumen wenig davon.

Im Gang über der Pegnitz hat also der Scharfrichter – wie alle seine Vorgänger und Nachfolger in diesem Beruf – gelebt. Nicht in der Stadt und nicht vor ihren Toren, so wollte es die Moral der Zeit. Wie Schmidt die Menschen vom Leben zum Tode brachte, zeigen Aquarelle. Am Galgen die Gehängten, die Kindsmörderinnen ertränkt, andere aufs Rad geflochten und schließlich die Enthauptung mit einem Schwert. Einen einzigen Hieb soll »Meister Franz« bei seiner ersten Exekution gebraucht haben.

Nicht um wohligen Schauder und blankes Entsetzen freilich geht es den Museumsmachern. »Wir wollen aufklären«, sagt Hartmut Frommer, der frühere Stadtrechtsdirektor und die treibende Kraft im Henkerhaus. Schmidts Aufzeichnungen sind ein bemerkenswertes Zeugnis der Rechtsgeschichte und ihrer – für damalige Zeiten – fortschrittlichen Handhabung in Nürnberg.

In der frühen Neuzeit wurden Hinrichtungen fast sakral inszeniert, dem – oft unter Folter erpressten – Geständnis sollten die öffentliche Buße und eine Versöhnung mit Tat und Strafe folgen. »Wenn's schön war, hat der Delinquent auf dem Galgen bereut, etwas Erbauliches gesagt und am Schluss noch ein Späßle gemacht«, sagt Hartmut Frommer. Der berühmte Galgenhumor!

Für »Meister Franz« aus Nürnberg, selbst Sohn eines Scharfrichters, ging die Sache besser aus. Er quittierte seinen Dienst und praktizierte bis zu seinem Tod 1634 als Wundarzt – heute wäre das ein Mediziner oder Heilpraktiker – in der Wörthstraße. Dass er diesen »ehrlichen« Beruf ergreifen konnte, hatte er dem Kaiser zu verdanken, bei dem sich der Rat der Stadt und Frommers damaliger Vorgänger für den rechtschaffenen Henker eingesetzt hatten. Seine Tagebuchaufzeichnungen mögen dabei geholfen haben … *GP*

Der Henkersteg verbindet die Trödelmarktinsel mit der Lorenzer Altstadt.

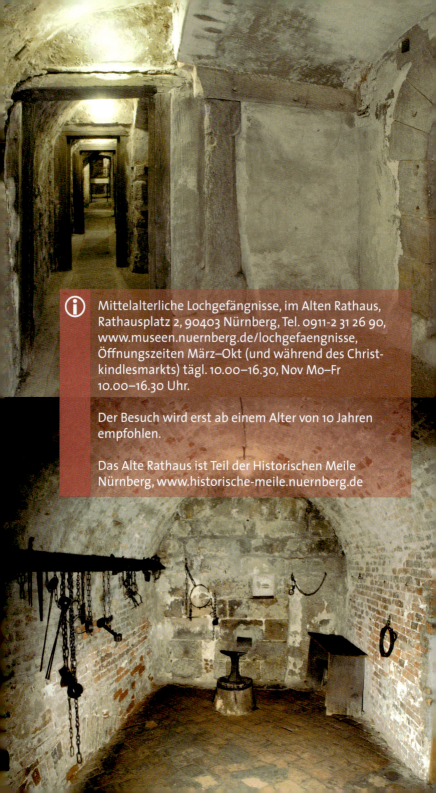

(i) Mittelalterliche Lochgefängnisse, im Alten Rathaus, Rathausplatz 2, 90403 Nürnberg, Tel. 0911-2 31 26 90, www.museen.nuernberg.de/lochgefaengnisse, Öffnungszeiten März–Okt (und während des Christkindlesmarkts) tägl. 10.00–16.30, Nov Mo–Fr 10.00–16.30 Uhr.

Der Besuch wird erst ab einem Alter von 10 Jahren empfohlen.

Das Alte Rathaus ist Teil der Historischen Meile Nürnberg, www.historische-meile.nuernberg.de

Schmale Steinstufen führen hinab in die Kellergewölbe unter dem Alten Rathaus. Sofort kriecht einem feuchtkalte Luft in den Nacken. Es ist eng, die Decken sind niedrig, die Wände aus massivem Stein. Die Lochgefängnisse aus dem 14. Jahrhundert sind ein beklemmendes Zeugnis mittelalterlicher Rechts- und Strafpraxis. Sie sind fast unverändert erhalten, lediglich die Eisentüren fehlen, um Einblick in die winzigen Zellen zu gewähren. Die Doppelzellen für Untersuchungshäftlinge sind nur etwa zwei Quadratmeter große, mannshohe Winkel. Dagegen wirken die Einzelzellen für zum Tode Verurteilte fast geräumig. Hier gab es sogar spärliches Kerzenlicht und heiße Steine für etwas Wärme. Doch um das Wohl des Häftlings bemühte man sich nur, um frühzeitigen Tod oder Selbstmord zu verhindern. Denn die öffentliche Hinrichtung diente zur Abschreckung und durfte nicht ausfallen. Die Zellen 11 und 12 waren speziellen Insassen vorbehalten. Hier saßen Brandstifter und Verleumder, wie die Symbole eines roten Hahns und einer schwarzen Katze über dem Türsturz verraten.

Über Jahrhunderte wurde die Schwelle zur Folterkammer ganz ausgetreten von den »armen Sündern«, die ihre Schuld nicht gestehen wollten. Man führte sie die sechs Steinstufen der sogenannten »Kapelle« zu den Geräten hinunter, die schließlich das Geständnis erzwangen: Daumenschraube, Brandeisen, Streckleiter und ein Flaschenzug zum Aufziehen. Über einen offenen Schacht in der Decke, der direkt in den Rathaussaal führte, konnte der Rat alles mitanhören. Die Fesseln und Instrumente wurden in der Schmiede vor Ort hergestellt, wo etliche erhaltene Originale aus dem 16. Jahrhundert die Bandbreite an Leibesstrafen bezeugen. Selbst für einfaches Gesindel konnten diese hart ausfallen. Manch ein Zecher, der nach Zapfenstreich noch unterwegs war, wurde vom Nachtwächter in eine Stock-Zelle »eingelocht«, ehe er wusste, wie ihm geschah. Im Stock saßen die Gefangenen in absoluter Dunkelheit, gefesselt auf einer Bank. Der Begriff »stockfinster« kommt daher. Und woher stammen die Ausdrücke »einen Klotz am Bein haben« und »ein Schlitzohr sein«? Warum heißt die Folterkammer »Kapelle«, was ist die »Bäckertaufe«, und wie wurde der Henkermeister Franz (siehe Seite 20) zum Heilpraktiker? Eine Führung durch die Lochgefängnisse gibt die Antworten und gewährt Einblick in 500 Jahre mittelalterliche Strafpraxis in Nürnberg. Mit der Abschaffung der Folter in Bayern wurden die Lochgefängnisse 1806 geschlossen. *AK*

Eindrucksvoll und beklemmend zugleich: die Gewölbe der Nürnberger Lochgefängnisse.

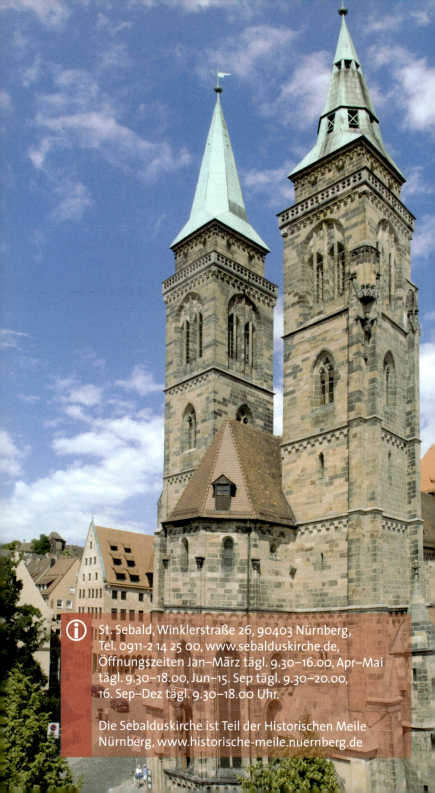

St. Sebald, Winklerstraße 26, 90403 Nürnberg,
Tel. 0911-2 14 25 00, www.sebalduskirche.de,
Öffnungszeiten Jan–März tägl. 9.30–16.00, Apr–Mai
tägl. 9.30–18.00, Jun–15. Sep tägl. 9.30–20.00,
16. Sep–Dez tägl. 9.30–18.00 Uhr.

Die Sebalduskirche ist Teil der Historischen Meile
Nürnberg, www.historische-meile.nuernberg.de

Denkmal des Friedens mit 700 Jahren Kunst- und Glaubensgeschichte

Der Hallenchor der Sebalduskirche ist in Kerzenlicht getaucht, in dem die Strahlenkranz-Madonna auf wundersame Weise zu leuchten scheint. Erfüllt von Orgelmusik entfaltet der Kirchenraum zu später Stunde eine unvergleichliche Atmosphäre. Bei der »Musikalischen Nachtführung« taucht der Besucher in sieben Jahrhunderte Kunst- und Glaubensgeschichte ein und erlebt die Kunstwerke und Architektur der mittelalterlichen Kirche in einem anderen Licht.

St. Sebald ist die älteste Pfarrkirche Nürnbergs, erbaut in der ersten Hälfte des 13. Jahrhunderts im spätromanischen Stil. Eine Statue an der Westfassade zeigt ihren Namensgeber, den Pilger Sebaldus, mit Stab, Hut und Jakobsmuschel. Er lebte vermutlich Anfang des 11. Jahrhunderts als Einsiedler im Wald bei Nürnberg. Viele Legenden ranken sich um seine Pilgerfahrt nach Rom. So soll er auf seinem Mantel über die Donau gesegelt sein, einem Bauern mit seinen Fingern den Weg geleuchtet und Feuer mit Eiszapfen entfacht haben. Nach seinem Tod wurde von Heilungen und Wundern an seinem Grab berichtet, die viele Wallfahrer anlockten. Obwohl erst 1425 vom Papst offiziell heiliggesprochen, wird Sebaldus schon Hunderte Jahre vorher von den Nürnbergern als Heiliger verehrt und zum Schutzpatron der Stadt erklärt.

Der mit Silberplatten beschlagene Eichenholzschrein des Eremiten steht heute im Ostchor der Kirche. Beeindruckend ist sein prunkvolles Bronzegehäuse, das 1519 der berühmte Nürnberger Erzgießer Peter Vischer mit seinen Söhnen fertigte. Getragen wird das Gehäuse von zwölf Schnecken, die den Heiligen bildlich nach Osten, in Richtung Auferstehung bringen. Vom Bildersturm verschont, ist St. Sebald ein Hort wertvoller vorreformatorischer Kunst. Die meisten Werke sind private Stiftungen reicher Patrizierfamilien, wie der Sakramentenschrank, die Glasmalereien im Hallenchor nach Entwürfen Albrecht Dürers und die aufwendig gestalteten Altäre. Die Werke des spätgotischen Bildschnitzers Veit Stoß gelten als besonders herausragend.

In Erinnerung an ihre starke Zerstörung im Zweiten Weltkrieg wird die Kirche als Denkmal des Friedens verstanden und so wird jeden Freitag um 12 Uhr zum Versöhnungsgebet geladen. Spezielle Themenführungen bieten Gelegenheit, die Geheimnisse und Vergangenheit der Sebalduskirche zu entdecken. Mit regelmäßigen Ausstellungen zeitgenössischer Kunst und vielen musikalischen Veranstaltungen öffnet sich St. Sebald auch für das kulturelle Leben der Gegenwart. *AK*

St. Sebald thront auf halbem Weg zwischen Hauptmarkt und Kaiserburg.

Kaspar Hauser Gedenktafel, Unschlittplatz 8, 90403 Nürnberg.

Der Unschlittplatz ist Teil der Historischen Meile Nürnberg, www.historische-meile.nuernberg.de

Kaspar Hausers Auftauchen am Unschlittplatz

Was soll man davon halten, wenn ein offensichtlich geistig verwirrter junger Mann auf Nürnbergs Straßen plötzlich zwei Passanten anspricht? Niemand kennt den Unbekannten oder weiß, wo er herkommt – scheinbar nicht einmal er selbst. So geschehen am 26. Mai 1828 auf dem Unschlittplatz.

Die Informationen, die der etwa 16 Jahre alte Jugendliche selber liefern konnte, waren nicht nur aufgrund seines geringen Wortschatzes äußerst spärlich. Er sei allein in einem dunklen Raum gefangen gehalten worden und habe nur von Wasser und Brot gelebt, so seine wenigen Erinnerungen. Später schrieb er auf der Polizeiwache den Namen »Kaspar Hauser« nieder. Medizinische Untersuchungen bescheinigten ihm eine unterentwickelte Muskulatur und empfindliche Sinnesorgane, lieferten aber keine Anhaltspunkte für seine Herkunft.

Kein Wunder also, dass die Gerüchteküche brodelte. War der Jüngling ein »Wilder«, der zeit seines Lebens im Wald gehaust hatte? War er ein geschickter Betrüger? Oder war er gar ein badischer Erbprinz, den man bei seiner Geburt absichtlich vertauscht hatte? Immerhin stimmte das Geburtsjahr des Teenagers mit dem des 1812 geborenen Thronfolgers des Großherzogs von Baden überein, der aber offiziell bereits als Baby verstorben war. Man munkelte, die habgierige Verwandtschaft habe die Vertauschung des Erbfolgers mit einem todkranken Säugling eingefädelt. Mediziner, Juristen und Theologen beschäftigten sich ausgiebig mit dem aufsehenerregenden Fall und stellten die verschiedensten Theorien auf.

Aber nicht nur seine Herkunft blieb rätselhaft, selbst die Umstände seines Todes am 17. Dezember 1833 in Ansbach konnten bis heute nicht restlos geklärt werden. Mehrfach fand man Kaspar Hauser mit Verletzungen auf, zweimal behauptete er, dass er einem Attentat zum Opfer gefallen sei. Bewiesen wurde das allerdings nie. Eine dieser Verletzungen war schließlich tödlich, wobei auch hier weder ein Verbrechen noch eine Selbstverletzung ausgeschlossen werden konnte.

Demnach rankten sich auch nach seinem Tod Gerüchte und Mythen um das geheimnisvolle Findelkind. Schriftsteller, Filmemacher und Musiker ließen sich immer wieder von dem geheimnisvollen Schicksal inspirieren, das auch heute noch den Stoff für spannende Geschichten liefert. *SS*

Die Lebensgeschichte des Kaspar Hauser gibt auch heute noch Rätsel auf.

Behaim Globus, im Germanischen Nationalmuseum,
Kartäusergasse 1, 90402 Nürnberg, Tel. 0911-1 33 10,
www.gnm.de, Öffnungszeiten Di, Do–So 10.00–18.00,
Mi 10.00–21.00 Uhr.

Stadtmuseum Fembohaus, Burgstraße 15,
90403 Nürnberg, Tel. 0911-2 31 25 95,
www.museen.nuernberg.de/fembohaus,
Öffnungszeiten Di–Fr 10.00–17.00, Sa–So
10.00–18.00 Uhr.

Das Fembohaus ist Teil der Historischen Meile
Nürnberg, www.historische-meile.nuernberg.de

Das Fembohaus erzählt von den berühmten Nürnberger Landkarten

Mit dem Finger auf der Landkarte spazieren zu gehen, ist heute ein Vergnügen – für Reisende in früheren Zeiten war es pure Notwendigkeit. Wenn es denn eine Landkarte gab.

Zwar hatten schon Steinzeitmenschen erste Karten in Felsen geritzt, später die Römer ihr Straßennetz festgehalten. Doch die Abbildungen waren verzerrt, die Angaben unzuverlässig. Genauere Karten entstanden im Spätmittelalter, aber erst die Frühe Neuzeit lieferte das Werkzeug für die präzise Darstellung.

Nürnberg war dafür prädestiniert. Hier trafen Händler mit internationalen Beziehungen auf hoch spezialisierte Handwerker wie Rotschmiede, Zirkel- und Kompassmacher, hier lebten der Astronom Regiomontanus und Erhard Etzlaub, der die erste politische Karte Deutschlands erstellte. Und natürlich Martin Behaim, weit gereister Tuchhändler und Seefahrer. Sein Globus – zwischen 1492 und 1496 angefertigt und im Germanischen Nationalmuseum ausgestellt – ist die älteste erhaltene Darstellung der Welt in Kugelgestalt.

Kolumbus entdeckte in diesen Jahren Amerika, die Seefahrernationen eroberten die Welt. Damit stieg das Interesse an tauglichem Kartenmaterial sprunghaft. Auf dessen Herstellung hatte sich Johann Baptist Homann spezialisiert. Seine 1702 gegründete Homännische Landkartenoffizin gehörte bald zu den bedeutendsten Verlagen in Europa. Ein »Atlas über die gantze Welt«, astronomische Karten und ein Schulatlas brachten Erfolg, auch Karten vom Kaspischen Meer und Kamtschatka waren im Angebot.

Nach dem Tode Homanns führte sein Sohn Johann Christoph den Verlag fort. Als er 1730 unerwartet starb, traten sein Studienfreund Johann Michael Franz und der Kupferstecher Johann Georg Ebersberger das Erbe an und bezogen schon 1734 das Haus »unter der Vesten«, das heutige Fembohaus. Von dort aus begannen Homanns Erben ganze Landstriche neu zu vermessen. Sie erhoben statistische und politische Daten und exportierten ihre Karten in alle Regionen Europas. Hochfliegende Pläne trafen auf wirtschaftliche Probleme, und so übernahm Georg Christoph Franz Fembo Haus und Verlag.

Am historischen Ort lässt sich ihre Geschichte nachvollziehen, das Stadtmuseum Fembohaus beeindruckt als einzig erhaltenes Kaufmannshaus der Renaissance zudem mit großartigen Räumlichkeiten und einer Reise durch die Nürnberger Geschichte. *GP*

Früher Kaufmannshaus, beherbergt das Fembohaus heute das Nürnberger Stadtmuseum.

Hutmuseum Brömme, Innere Laufer Gasse 33, 90403 Nürnberg, Tel. 0911-22 63 65, www.hutmuseum-nuernberg.de

Führungen nur nach vorheriger Absprache.

Das Hutmuseum Brömme widmet sich der
Herstellung von Kopfbedeckungen

Jeder trägt sie: die Bauarbeiter auf dem Stahlträger in New York Schiebermützen, Marlene Dietrich Zylinder und Joseph Beuys seinen berühmten Filzhut. Das waren noch Zeiten! Horst Brömme seufzt. Der Hutmacher bewahrt das Erbe seiner Familie bereits in vierter Generation und das Hutmuseum, in dem die 200-jährige Kultur der – oft nützlichen, manchmal nur zierenden, aber auf die ein oder andere Weise immer im Trend gelegene – Kopfbedeckung mit all ihren Facetten präsentiert wird, ist sein Herzensanliegen. »Ich will zeigen, wie das Produkt entsteht.«

Der gut eingerichtete Keller ist deshalb mehr Werkstatt als Museum. Hier finden sich betriebsbereit die Dampfglocke, unter der die vorgefertigten Stumpen erhitzt werden, ein Sandsack, unter dem die Hüte auskühlen und ihre Form annehmen, rotierende Scheiben, auf denen die Kopfbedeckung gebürstet wird und samtigen Glanz erhält, und Nähmaschinen, mit denen Stirnbänder eingenäht werden. Dazu ungezählte Formen aus Holz: der elegante Borsalino beispielsweise und ein Homburg, wie ihn Adenauer trug, Baretts und schmeichelnde Glockenhüte für die Damen – und natürlich Hüte, Hüte, Hüte.

Erste Qualität, das betont Horst Brömme bei seinen angeregten Führungen stets, ist der Filz aus Hasenhaar. Weich, leicht, beständig. Dagegen ist Wollfilz, nun ja … Der teuerste Hut übrigens, den es bei Brömme zu kaufen gibt, besteht aus Stroh. Genauer den Fasern der Carludovica Palmata, die in wochenlanger Handarbeit geflochten werden und als hochwertiger Panama-Hut bis zu 1 800 Euro kosten können.

Das wertvollste Stück freilich ist der »orthopädische Hut«. Denn was nützt ein schöner Hut, wenn er nicht richtig sitzt? Mit dem sogenannten »Konformateur«, einem beweglichen Gestell, nimmt Horst Brömme Maß. Jeder Kopf ist individuell, auch wenn er bei Frauen in der Regel 54 bis 56 Zentimeter Umfang hat und bei Männern 55 bis 58 Zentimeter. Mit dem »Formillion« wird die persönliche Form dann übertragen. Voilà!

Eine echte Schande aber ist, dass die Mode ganz abgekommen ist vom Hut. Strickmützen und Baseballkappen, ja, die sind heutzutage beliebt. Aber der Hut? Horst Brömme seufzt, wieder einmal. Immerhin: Trachten- und Schützenvereine allerorten kommen ohne Dreispitz, Frankenhut und den Oberpfälzer nicht aus. *GP*

Brömme, ein Hutmacherbetrieb mit Tradition
und eigenem Museum

Sagaland

הקסם

לוקסם

Der ÖNIG icht mehr.

ℹ️ Deutsches Spielearchiv Nürnberg, im 2. OG des Pellerhauses, Egidienplatz 23, 90403 Nürnberg, www.museen.nuernberg.de/spielearchiv

Benutzung der Fachbibliothek und Besichtigung der Sammlung nur nach Anmeldung unter Tel. 0911-23 11 48 10 oder spielearchiv@stadt.nuernberg.de

Das Pellerhaus ist Teil der Historischen Meile Nürnberg, www.historische-meile.nuernberg.de

Spielen verbindet – nicht nur Generationen, sondern auch Länder und Kulturen. Ein Beispiel dafür ist der Brettspiel-Klassiker *Sagaland*, Spiel des Jahres 1982. Die beliebte Mischung aus *Memory* und *Mensch-ärgere-dich-nicht* wurde in den vergangenen Jahren nicht nur modernisiert, sondern für ein Dutzend Länder auf der ganzen Welt übersetzt. Der Prototyp des Klassikers heißt *Der König will nicht mehr* und liegt heute in einer Vitrine des Deutschen Spielearchivs in Nürnberg.

Entwachsen ist diese weltweit einmalige Sammlung der Spiele-Leidenschaft von Medienwissenschaftler Dr. Bernward Thole. Gestartet mit 5 000 Spielen aus eigenem Besitz, hatte er in Marburg innerhalb von 25 Jahren ein stattliches Archiv aus Brett- und Tischspielen aufgebaut. Allerdings war das Projekt in privater Trägerschaft bald finanziell nicht mehr tragbar, und so wurde es 2010 zum Verkauf freigegeben. Und was lag näher, als den Bestand in die Spielwarenstadt Nürnberg zu verlagern?

Inzwischen beherbergt das Spielearchiv im Pellerhaus circa 30 000 Gesellschaftsspiele seit der Nachkriegszeit, und jährlich werden rund 400 neue Spiele in den Fundus aufgenommen. Die Institution verfügt außerdem über eine umfangreiche Bibliothek sowie ein Archiv mit Katalogen, Pressemitteilungen und Autoreninformationen. Der bekannte Erfinder Alex Randolph, der neben *Sagaland* weit mehr als 100 Spielideen austüftelte, war maßgeblich daran beteiligt, dass heute auch die Urheber auf den Spielen namentlich genannt werden. Diese Forderung wurde in der sogenannten »Bierdeckel-Deklaration« erstmals schriftlich fixiert – der Original *Tucher*-Bierdeckel liegt als Beweis ebenfalls im Deutschen Spielearchiv. Ziel der daraus entstandenen Spiele-Autorenzunft ist die Pflege und Präsentation des Spiels als Kulturgut. Denn während man in Deutschland immer noch auf Berührungsängste mit Familienspielen trifft, werden »German Games« wie *Die Siedler* im Ausland hochgeschätzt. Oft entscheidet hierzulande der kleine Aufkleber »Spiel des Jahres«, ob es ein Spiel in die Bestseller-Listen schafft oder nicht.

Dass Spiele allerdings auch ohne Emblem zu Topsellern aufsteigen können, zeigte einmal mehr Spiele-Guru Randolph mit dem Kita-Spiel *Tempo, kleine Schnecke!*. Liegt die Startauflage eines neuen Spieles im Schnitt bei 5 000 Stück, so wurde der beliebte Klassiker inzwischen weltweit fünf Millionen Mal verkauft. *SS*

Sagaland ist nur einer von zahlreichen Klassikern im Nürnberger Spielearchiv.

Turm der Sinne, im Mohrenturm, Spittlertormauer 17, 90402 Nürnberg, Tel. 0911-9 44 32 81 (Bürozeiten Di–Fr 10.00–15.00 Uhr), www.turmdersinne.de, Öffnungszeiten Di–Fr 13.00–17.00, Sa, So und Fei 11.00–17.00 Uhr. In den bayerischen Schulferien tägl. 11.00–17.00 Uhr.

»Eine der bedeutendsten Erfahrungen im Leben eines Menschen ist das Erlebnis, dass wir uns täuschen können«, sagt Dr. Rainer Rosenzweig, einer der Gründerväter des »Turm der Sinne«. Erforscht man die sechs Etagen im historischen Mohrenturm, laden 27 Exponate ein, sich zu irren. Augen, Nase, Zunge, Ohren und sogar das Gehirn werden auf die Probe gestellt, wenn es darum geht, Gerüche zu erkennen, seine motorischen Fähigkeiten zu testen oder Personen in einem Raum wachsen und schrumpfen zu sehen. Nicht nur Kinder hört man immer wieder überrascht ausrufen – vor Erstaunen, Erkennen oder sogar Ekel. Dr. Rainer Rosenzweig aber geht es nicht nur um spielerische Nachhilfe in Wahrnehmungspsychologie: Die Erfahrung, dass unsere Sinne die Welt nicht erfassen, wie sie ist, sondern sie deuten, ergänzen oder gar nach einem gewohnten Muster verfälschen, soll auch dazu anregen, das eigene Menschen- und Weltbild einmal kritisch zu hinterfragen.

Ist das »Hands-on-Museum« in der Spittlertormauer gleichsam ein Spielplatz für kleine und große Hirnforscher, so bilden die alljährlich veranstalteten Symposien den wissenschaftlichen Hintergrund zum Thema. Renommierte Neurologen, Psychologen und Philosophen treffen sich im Germanischen Nationalmuseum oder der Fürther Stadthalle und referieren für den Laien verständlich über Themen wie »Bewusstsein – Selbst – Ich«, »Das Tier im Menschen« oder »Verantwortung als Illusion«. Die Vorträge gibt es auf Betreiben des Mitherausgebers Rosenzweig auch zum Nachlesen. Neben »Superspiralen« und anderen magischen Experimenten für zu Hause sind sie im kleinen Museumsshop erhältlich.

Auf Fragen wie »Warum kann ich mich an Dinge erinnern, die nie passiert sind?« oder »Was ist neben süß, sauer, bitter und salzig der fünfte Geschmack?« geben die zahlreichen Führungen für alle Altersgruppen eine Antwort: zum Beispiel im Forscherrundgang für Fünf- bis Sechsjährige oder dem Seniorenrundgang mit Kaffee und Kuchen. Unter dem Motto »Science meets art« werfen bildende Künstler wie u. a. Dmitry Rakow und Dieter Winge ihren ganz eigenen Blick auf die naturwissenschaftlichen Fakten. Ist der geneigte Besucher all dem auf den Grund gegangen, bleibt ihm eigentlich nur noch eines: die Bekanntschaft mit »Heiner, dem sensorischen Homunkulus«. Das Museumsmaskottchen im vierten Stock überrascht mit seinem ganz eigenen Bild von der Sinnlichkeit des Menschen. *HA*

Der Turm der Sinne: ein Mitmach-Museum, auch zum Anfassen, Riechen und Schmecken

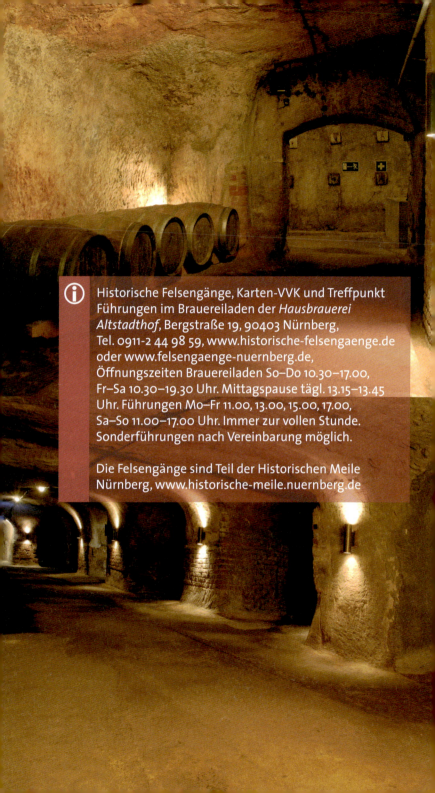

Historische Felsengänge, Karten-VVK und Treffpunkt Führungen im Brauereiladen der *Hausbrauerei Altstadthof*, Bergstraße 19, 90403 Nürnberg, Tel. 0911-2 44 98 59, www.historische-felsengaenge.de oder www.felsengaenge-nuernberg.de, Öffnungszeiten Brauereiladen So–Do 10.30–17.00, Fr–Sa 10.30–19.30 Uhr. Mittagspause tägl. 13.15–13.45 Uhr. Führungen Mo–Fr 11.00, 13.00, 15.00, 17.00, Sa–So 11.00–17.00 Uhr. Immer zur vollen Stunde. Sonderführungen nach Vereinbarung möglich.

Die Felsengänge sind Teil der Historischen Meile Nürnberg, www.historische-meile.nuernberg.de

Steile Stufen und enge Gänge führen in ein anderes Nürnberg, als man es zum Beispiel in der Fußgängerzone mit ihrem Licht und ihren Läden kennenlernt: ein dunkles Nürnberg, das die Bierbrauer von einst in emsiger Handarbeit vier Stockwerke tief in den Sandstein gruben, um ihr Bier zu kühlen, reifen und gären zu lassen. Heute kühlen die weitverzweigten Gänge sonnenmüde Touristen bei ungefähr 8 Grad Celsius.

Das Labyrinth unter der Erde hat viel zu erzählen: von mittelalterlichen Bräuchen und Gesetzen; andere Teile der Keller erinnern an die furchtbaren Stunden, in denen die Menschen im Zweiten Weltkrieg auf die überirdische Zerstörung warteten. Die Kriegsjahre waren es auch, die es notwendig machten, dass man die zahllosen Braukeller zu einem großen Höhlensystem verband und Ausgänge in den brandgeschützten Burggraben anlegte. Luftschutzbunker, Lochwasserleitungen (siehe Seite 38) oder Versteck für die Kunstschätze des Reiches waren die Gänge im Laufe ihrer langen Geschichte seit ihrer ersten urkundlichen Erwähnung 1380. Dann kam das Sauerkraut. Christian Harrer, der Erfinder des Ochsenmaulsalats – einer fränkischen Spezialität –, durfte hier während des Krieges Eingemachtes als Vitaminversorgung für die Marine lagern. Das Bier war zu dieser Zeit schon längst durch den Fortschritt aus der Tiefe verdrängt worden: Hatten die mittelalterlichen Brauer in milden Wintern durchaus noch Eis aus Skandinavien oder von den Alpen importieren müssen, um die Temperaturen auch während des Sommers in den Felsengängen konstant zu halten, so machte Carl Linde um 1880 den Kühlschrank unter der Erde überflüssig, indem er die Kältemaschine erfand.

Aber nicht zuletzt dank der ebenso genialen wie einfachen Belüftung existieren die Höhlen immer noch in der einen oder anderen Form. Die jüngste ihrer vier Sohlen reicht bis zu 24 Meter unter den Burgberg. Die älteste und erste ist heute zum Teil eine Tiefgarage. 25 000 Quadratmeter Fläche erstrecken sich unter der Nürnberger Altstadt. Aber keine Sorge, das muss der Besucher nicht alles zu Fuß gehen! Die unterhaltsamen und lehrreichen Führungen dauern nur etwa 70 Minuten. Ans Tageslicht tritt man dann wieder direkt unter der *Hausbrauerei Altstadthof* – die ebenfalls zu einer Besichtigung einlädt. Der »Förderverein Nürnberger Felsengänge« hat noch viele andere Veranstaltungen in Nürnbergs Unterwelt im Programm. Wie wäre es zum Beispiel mit der Dunkelführung: »A Walk in the Dark«? *HA*

Unter der Nürnberger Altstadt erstreckt sich ein kilometerlanges historisches Kellersystem.

(i) Kasematten und Lochwasserleitung, Karten-VVK
und Treffpunkt Führungen im Brauereiladen der
Hausbrauerei Altstadthof, Bergstraße 19,
90403 Nürnberg, Tel. 0911-2 44 98 59,
www.historische-felsengaenge.de oder
www.felsengaenge-nuernberg.de, Öffnungszeiten
Brauereiladen So–Do 10.30–17.00, Fr–Sa 10.30–19.30 Uhr.
Mittagspause tägl. 13.15–13.45 Uhr. Führungen Apr–Okt
tägl. 15.15 Uhr. Sa, So und Fei zusätzlich 16.15 Uhr.
Sonderführung nach Vereinbarung möglich.

Vor dem Abstieg steht die Aussicht. Vom Rosengarten der Burg schweift der Blick über St. Johannis bis zum Plärrer und bleibt dann am Tiergärtnertor und den Mauern der Bastionen hängen. Die Nürnberger Burg war uneinnehmbar, dafür hatte der Rat der Stadt gesorgt: In nur sieben Jahren, von 1538 bis 1545, wurde die Festungsanlage nach Plänen von Antonio Fazuni aus dem Boden gestampft.

Bauern mussten Frondienste in den Steinbrüchen leisten, alle Handwerker wurden für das Bauwerk verpflichtet. Nur wohlhabende Bürger leisteten sich Landsknechte, die an ihrer statt schufteten. Weil Landarbeiter fehlten, stiegen die Getreidepreise, und die Bäcker mussten – auf Weisung – kleinere Brötchen backen. Alles, damit selbst die neuartigen Kanonen Nürnberg nichts anhaben konnten.

Das erzählt Ralf Arnold, der Vorsitzende des Vereins Nürnberger Felsengänge. Zum Saisonstart inspiziert er die Kasematten und die Lochwasserleitung. Sie gehören zu den beliebtesten Zielen für Touristen und eingeborene Nürnberger. Das hat mit der schieren Wucht der Erfahrung zu tun: Zu den Wehrgängen steigt man über schmale Treppen und abfallende Rampen in den Bauch des Berges hinab. Dunkel ist es hier und übers Jahr gleichbleibend kühl, die Gänge sind eng, und mancher Durchgang ist ein Scheitelkratzer. Plötzlich öffnen sich die Kasematten wie eine Kathedrale. 5,20 Meter hoch ist das Gewölbe, damit der Pulverdampf abziehen konnte.

Mehr als 200 000 mächtige Sandsteinquader wurden verbaut, nur für die Schützen ließ man kleine Scharten zum Burggraben frei. Gekostet hat all das fast 24 000 Gulden, in einer Zeit, als ein stattliches Haus 150 Gulden kostete. Wer's hört, darf staunen.

Weiter geht es im Untergrund, tiefer hinein in die Geschichte. Schon gurgelt ein Rinnsal in der Lochwasserleitung. Das fünf Kilometer lange unterirdische Röhrensystem – 1459 erstmals schriftlich erwähnt – zapft Grundwasserhorizonte an. Es war wichtiger als dicke Mauern und die wehrhafteste Armee: Denn es garantierte das Wasser auch bei Belagerung.

Apropos Belagerung: Nürnberg verfügt noch über 15 Bunker, in denen sich die Einwohner bei Krieg schützen sollten. Jeweils im Januar – zum Jahrestag der schweren Luftangriffe auf Nürnberg am 2. Januar 1945 – öffnet der Förderverein Felsengänge einen zur Besichtigung und lädt damit zum Fragen ein: Wie hätte man es darin aushalten sollen? *GP*

Die Kasematten waren lange Zeit ein wichtiger Teil der Nürnberger Festungsanlage.

Närrischer Prisaun, Spittlertormauer 11–13, 90402 Nürnberg.

Café Treibhaus, Karl-Grillenberger-Straße 28, 90402 Nürnberg, Tel. 0911-89 63 62 35, www.cafetreibhaus.de, Öffnungszeiten Mo–Do 9.00–1.00, Fr–Sa 9.00–2.00, So 9.00–22.00 Uhr.

Sie galt als uneinnehmbares Bollwerk: die Nürnberger Stadtmauer. Dabei diente die Wehranlage nicht nur gegen Eindringlinge, sie bot den Stadtbewohnern auch viel Platz zum Leben und Arbeiten. Früher wie heute finden sich in den Gemäuern noch Wohnhäuser, Gast- und Werkstätten sowie Gruppenräume. 3,8 Kilometer sind von der ursprünglich fünf Kilometer langen Wehranlage noch erhalten – und jeder einzelne Meter erzählt eine eigene Geschichte.

In dem Abschnitt beim Spittlertorgraben zum Beispiel, zwischen Fürther Tor und Westtor, wo seit 1981 der Wallensteiner Ritterbund residiert (im Turm »Rotes Y«), spielten sich Geschichten ab, die heutzutage undenkbar wären. »… lebendig eingemauert ist … der Unglückliche, der die Schwelle dieses Hauses betritt, bis der Todesengel ihm die Hand reicht und ihn in das Land der Freiheit jenseits führt«, schrieb im Jahr 1821 der Arzt Dr. J. Campe erschüttert. Er hatte zuvor Nürnbergs erstes Irrenhaus besucht, den Närrischen Prisaun.

Fast 300 Jahre lebten dort die »Verstoßenen« – Geisteskranke, Behinderte und Krüppel – wie in einem Gefängnis. Daher auch der Name – Prisaun leitet sich vom französischen Wort »prison« (Gefängnis) ab. »Wie in einer Rattenfalle! Ein schmales Bett und ein Ofen füllen den Raum aus, für Tisch und Stuhl ist kein Platz«, schildert Dr. Campe. Ohne medizinische Betreuung waren die Kranken quasi sich selbst überlassen. Lediglich der Irrenwärter und seine Frau, die im Turm »Rotes Z« direkt neben der Anstalt lebten, sowie zwei bis drei Mägde und Knechte versorgten die Tollen mit dem Nötigsten. Der Stadtbader kam in regelmäßigen Abständen, um Wunden zu versorgen, die Männer zu rasieren und die Haare zu schneiden.

Wohl kaum ein Spaziergänger dürfte heute wissen, dass im Närrischen Prisaun am 28. Juni 1561 mit Wolff Schepinger der erste Geisteskranke eingewiesen und die letzten 17 Insassen erst am 30. September 1846 in die Kreisirrenanstalt Erlangen verlegt wurden. Zu sehr mag die eindrucksvolle Kulisse mit dem romantischen Fachwerk und den rot-weißen Fensterläden darüber hinwegtäuschen.

Um von so viel vergangenem Leid zu den Annehmlichkeiten der Gegenwart zurückzufinden, schlendere man anschließend am besten zum *Café Treibhaus*. Der Name ist hier Programm: Abseits des Trubels der Innenstadt kann man sich bei einem Frühstück, Kaffee und Kuchen oder einem Imbiss treiben lassen – bei schönem Wetter auch vor dem Café auf gemütlichen Regisseurstühlen. *SW*

Noch im 19. Jahrhundert wurden hinter diesen Mauern die »Narren« weggesperrt.

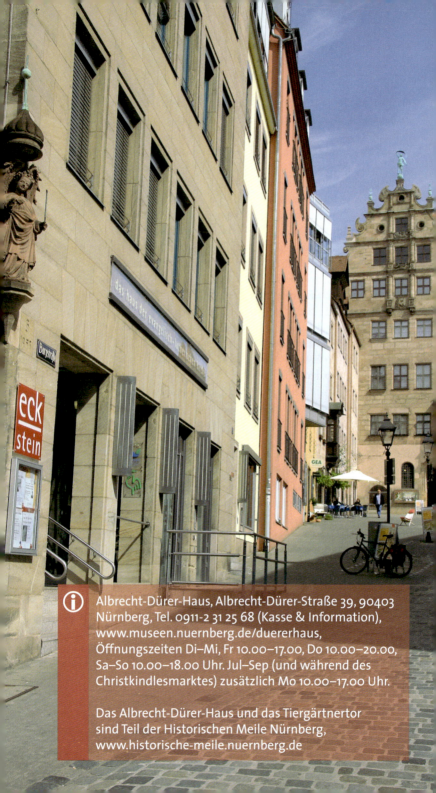

Albrecht-Dürer-Haus, Albrecht-Dürer-Straße 39, 90403 Nürnberg, Tel. 0911-2 31 25 68 (Kasse & Information), www.museen.nuernberg.de/duererhaus, Öffnungszeiten Di–Mi, Fr 10.00–17.00, Do 10.00–20.00, Sa–So 10.00–18.00 Uhr. Jul–Sep (und während des Christkindlesmarktes) zusätzlich Mo 10.00–17.00 Uhr.

Das Albrecht-Dürer-Haus und das Tiergärtnertor sind Teil der Historischen Meile Nürnberg, www.historische-meile.nuernberg.de

Lauter nette Nachbarn

Die Burgstraße – rund um Dürers Elternhaus

15

Keine Frage, wenn es um Nürnberg geht, kommt man an Albrecht Dürer nicht vorbei. Nicht wenige, die hoch zur Burg wandern, suchen auf ihrem Weg mit fast schon kriminalistischem Spürsinn selbst noch nach der kleinsten Dürer-Spur. Und dennoch wissen viele nicht, dass der Sohn eines Goldschmiedemeisters in durchaus prominenter Nachbarschaft aufgewachsen ist.

Da wäre zum Beispiel Anton Koberger, einst Anwohner in der Burgstraße 3. Der fleißige und risikobereite Sohn eines Bäckers war der Pate des kleinen Dürer und prägte den jungen Künstler stark. Mit 30 Jahren gründete er seine eigene Druckerei, die er rasch zu einem Großunternehmen mit Filialen u. a. in Venedig, Mailand und Paris führte.

Drei Häuser weiter, in der Burgstraße 9, strebte der ehemalige Pelzhändler Sebald Schreyer nach Höherem. Die Heirat mit einer Patriziertochter sorgte für den gesellschaftlichen Aufstieg, sein glückliches Händchen mit Immobiliengeschäften verschaffte ihm das nötige finanzielle Polster. So konnte sich Schreyer den Status als Kunst- und Kulturförderer Nürnbergs leisten, was auch Dürer zugutekam.

Der Spekulant Christoph I. Scheurl, wohnhaft in der Burgstraße 10, hingegen verlor sein Vermögen durch betrügerische Geschäftspartner. Dem jungen Albrecht, der mit Scheurls Söhnen befreundet war, zeigte diese Entwicklung schon früh, wie schnell finanzieller Erfolg auch wieder schwinden kann.

Als künstlerisches Vorbild diente ihm der Maler Michael Wolgemut aus der Burgstraße 21. Er wurde vor allem durch die Illustrationen für die Schedel'sche Weltchronik berühmt. In seiner angesehenen Werkstätte brachte er Albrecht Dürer nicht nur das Malen sondern auch die Kunst des Vermarktens bei.

Dürer selbst verließ 1509 die Burgstraße und wohnte bis zu seinem Tod in dem bekannten Fachwerkhaus am Tiergärtnertor, das heute als Museum dient. Und während die einstige Burgstraßen-Prominenz fast schon in Vergessenheit geraten ist, wird im ehemaligen Wohnhaus des bedeutenden Malers das digitale Zeitalter eingeläutet. Mit moderner Medienunterstützung und raffinierter Lichtgestaltung kann der Besucher den Künstler und seine Werke heute interaktiv und hautnah erleben. Damit wird Dürer noch ein bisschen mehr zu Nürnbergs Superstar – und das nicht zuletzt auch durch den Einfluss und die Unterstützung von lauter netten Nachbarn. *SS*

Blick vom unteren Ende der Burgstraße zum Fembohaus (rechts im Bild).

(i) Museum Tucherschloss und Hirsvogelsaal,
Hirschelgasse 9–11, x90403 Nürnberg, Tel. 0911-2 31 54 21,
www.museen.nuernberg.de/tucherschloss,
Öffnungszeiten Mo 10.00–15.00, Do 13.00–17.00,
So 10.00–17.00 Uhr.

Das Tucherschloss ist Teil der Historischen Meile
Nürnberg, www.historische-meile.nuernberg.de

Im Tucherschloss

Eine Reise durch die Vergangenheit

»Ja, wo habt ihr denn eure Gewürze gelassen? Oder seid ihr gar nicht die venezianischen Händler, die ich erwarte?« Obwohl wir verneinen, lässt uns die Hausherrin des Tucherschlosses, Katharina Tucher, an diesem spätsommerlichen Sonntagnachmittag einen Blick in ihr Leben zur Zeit der Patrizier werfen.

Im 16. Jahrhundert war Nürnberg eine der größten Städte im Heiligen Römischen Reich. Für die Handelswege zudem ideal im Zentrum Europas gelegen. Deutsches Handwerk wurde hochgeschätzt, und die Patrizier, wie die Familie Tucher, verkauften die Handwerkswaren in Städten wie Venedig, Lyon, Antwerpen und Genf. Die reisenden Patrizier brachten im Tausch aber nicht nur andere Waren mit nach Nürnberg, sondern auch Informationen. So wusste man in Nürnberg immer, was in der Welt geschah. Die Patrizier waren somit nicht nur die Händler, sondern auch die Politiker der Stadt.

Die Frauen der Patrizier konnten übrigens lesen, schreiben und rechnen. Denn sie mussten schließlich mit vorbeikommenden Händlerkollegen verhandeln können, wenn die Männer auf Reisen waren. Ein beliebtes Handelsgut waren Gewürze wie Zimt, Anis, Senfkörner, Safran, Muskat oder Mandel. Ein Pfund Muskat hatte beispielsweise den Wert von sieben fetten Ochsen, ein Pfund Safran den Gegenwert eines schönen Reitpferdes.

Wir dürfen nicht nur einen Blick in die Gemächer werfen, sondern auch einen Spaziergang durch den malerischen Garten machen. Ein reiner Lustgarten, wie die Hausherrin betont, der mit Rosen, Lavendel und Wasserspielen eine erholsame Oase bildet. Im Sommer lädt sie sonntags übrigens gerne zum Picknicken oder Boulespielen in ihren Garten ein. Dort befindet sich auch der 1534 errichtete Hirsvogelsaal, mit einem der schönsten Renaissance-Innenräume Deutschlands, verziert mit einem Deckengemälde des Dürer-Schülers Georg Pencz. Über den Erbauer des Hirsvogelsaals gibt die Schlossherrin ein bisschen Klatsch und Tratsch zum Besten. Mit der Scheidung von der Augsburger Patriziertochter Sabine Welser, die er aufgrund fehlender Mitgift wieder zurück nach Augsburg schickte, und dem anschließenden Ruin sorgte Lienhard Hirsvogel nämlich für einen Skandal, über den ganz Nürnberg redete.

Nun hat Katharina Tucher aber genug aus dem Nähkästchen geplaudert. Sie weist uns freundlich, aber bestimmt zur Tür, denn schließlich erwartet sie noch die venezianischen Gewürzhändler. *SS*

Gewürze waren zu Zeiten der Patrizier ein gängiges Zahlungsmittel.

ⓘ Nicolaus-Copernicus-Planetarium, Am Plärrer 41,
90429 Nürnberg, Tel. 0911-9 29 65 53,
www.planetarium-nuernberg.de, Karten-VVK
an der Kasse Mi 15.00–19.00, Do 17.00–20.00 Uhr.
Bei Veranstaltungen am Wochenende auch Fr–So
14.00–16.30 Uhr.
Öffnungszeiten 1 Stunde vor Veranstaltungsbeginn.
Abweichende Öffungszeiten und Veranstaltungsplan
auf der Website.

Weitab von der Stadt auf einer Wiese liegen und in den leuchtenden Sternenhimmel sehen – ein seltenes Erlebnis in einem Land, das Tag und Nacht lichterfüllt ist, voller Menschen, Autos, Häuser und Laternen. Das Planetarium in Nürnberg hat keine Liegewiese aber 200 Sitzplätze und durchdringt den Sternenhimmel glasklar mithilfe von Licht statt nächtlichem Dunkel. Der moderne Mensch hat sich mit hochtechnisierten Erfindungen wie der Fulldome-Projektion unabhängig gemacht und blickt nun auch an bewölkten Tagen ungehindert in die bekannten Weiten des Universums. Im großen Kuppelsaal kann man alles sehen, was die moderne Wissenschaft herausgefunden hat und als erwiesen betrachtet. Den aktuellen Sternenhimmel zum Beispiel, unterhaltsam erklärt und nahegebracht.

Aber auch im weiteren Sinne versucht das Nicolaus-Copernicus-Planetarium das Dunkel zu durchleuchten: »Die Veranstaltungen führen vom naiv-magischen Weltbild zu einem rationalen Weltverständnis«, heißt es in seinem Leitbild. Tatsächlich finden im großen Saal zahlreiche Vortragsreihen zu astronomischen, aber auch zu vielen anderen wissenschaftlichen Themen statt, die nicht nur für Hobbywissenschaftler attraktiv sein dürften. Wem eher nach Unterhaltung zumute ist, kann im Planetarium seinen »Stars« begegnen: Weltraumheld Perry Rhodan vielleicht, der sich in einem Science-Fiction-Hörspielzyklus immer wieder in ausweglose Situationen bringt, um sich elegant wieder herauszukämpfen. Das Planetarium verwöhnt die Ohren aber auch anspruchsvoller. Dass man aus den Schwingungen der die Sonne umkreisenden Planeten Tonhöhen errechnen kann, legt die Verbindung von Astronomie und Musik nahe und führt zu Angeboten wie »Pink Floyd – The Dark Side of the Moon«, eine Reise durch Klang und Farbe.

Das nötige Gegengewicht, das der Besucher braucht, um wieder mit beiden Beinen auf der Erde zu landen, findet er im Foyer, wo das *Sternencafé* fürs leibliche Wohl sorgt und der Astroshop zum Stöbern und Kaufen einlädt. Besonders ansprechend ist auch das Programm für Kinder jeder Altersstufe. Auf wissbegierige Weltraumforscher warten Plani und Wuschel, die Weltraumkobolde; hochmotivierte Himmelskundler lernen spielerisch aktuelle Erkenntnisse der Astronomie oder die Orientierung am Sternenhimmel. Wer sich bilden will, wer sich fortträumen will, findet im Planetarium immer eine ferne Welt zum Erkunden. *HA*

Das Planetarium am Plärrer entführt seine Besucher in ferne Welten.

ⓘ St. Rochusfriedhof, Beim Rochuskirchhof 17–18, 90433 Nürnberg, Tel. 0911-33 05 16 (Büro Friedhofsverwaltung), www.st-johannisfriedhof-nuernberg.de, Öffnungszeiten Okt–März tägl. 8.00–17.00, Apr–Sep tägl. 7.00–19.00 Uhr.

Im Bann der Ewigkeit

Natürlich verstummt der Verkehrslärm nicht, sobald man durch das schmiedeeiserne Tor des kleinen Friedhofs in Gostenhof (siehe Seite 84) tritt, der direkt an der viel befahrenen Rothenburger Straße hinter dem Plärrer liegt. Das monotone Rauschen der Autos begleitet den Besucher bei seinem Gang stetig – und doch taucht man in eine entlegene kleine Welt ein, eingefriedet von einer massiven Sandsteinmauer, mit schmalen Wegen und einem sonderbarem Charakter, abgeschieden vom Rest der Stadt, abgeschieden auch von den Wegen der Lebenden.

Der Name des Friedhofs deutet schon auf seinen ursprünglichen Zweck hin: Obwohl St. Rochus, der mit weltlichem Namen Rochus von Montpellier hieß, nie offiziell heilig gesprochen wurde, gehörte er im Mittelalter zu den beliebtesten Heiligen überhaupt. Das Leben des, wohl um 1295 in Frankreich geborenen Pilgers, ist von Legenden überlagert, die ihn zum Schutzpatron gegen die Pest erhoben.

Als Begräbnisstätte für Pestopfer sollte der 1519 geweihte Friedhof dann auch gedacht sein, als wieder einmal eine Epidemie die Bürger der Stadt bedrohte. Er ersetzte den innerstädtischen Gottesacker bei St. Lorenz (siehe Seite 14). Dieser geschichtliche Hintergrund verbindet St. Rochus mit dem berühmteren Johannisfriedhof, doch auch hier lohnt es sich, die Inschriften der charakteristischen Liegegräber zu entziffern, die einen Aufschluss nicht nur über die hohe Kindersterblichkeit, sondern auch über soziale Strukturen liefern.

Zu den berühmtesten Gräbern gehören das des Nürnberger Bildhauers Peter Vischer des Älteren, dessen Sebaldusgrab (siehe Seite 24) etwa zu den großen Kunstschätzen der Stadt zählt, und das von Johann Pachelbel, dem Nürnberger Barockkomponisten. Die barocke Kapelle des Rochusfriedhofs ist heute noch in privater Hand und leider selten zugänglich, doch falls sich eine Gelegenheit bietet, die von Albrecht Dürer entworfenen Glasfenster und den Altar mit dem namengebenden Heiligen Rochus zu betrachten, sollte man sie sich nicht entgehen lassen.

Steht man an der Kapelle hingegen – wie meist – vor verschlossenen Türen, empfiehlt sich ein beschaulicher Gang durch die Monumente vergangener Menschenleben, an den Gräberreihen vorbei und zwischen den alten Bäumen des Friedhofs. Draußen rauscht der Verkehr weiter, doch hier ist die Zeit aufgehoben zwischen Vergänglichkeit und Ewigkeit. *SA*

Der Rochusfriedhof wurde ursprünglich als Pestfriedhof außerhalb der Stadt angelegt.

ⓘ Historisches Straßenbahndepot, Schloßstraße 1, 90478 Nürnberg, Tel. 0911-2 83 46 54, www.vag.de/museum, Öffnungszeiten Feb–Dez am ersten Wochenende im Monat Sa–So 10.00–17.30 Uhr. Einlass bis 1/2 Stunde vor Schließung.

Freunde der Nürnberg-Fürther Straßenbahn e. V., Schloßstraße 1, 90478 Nürnberg, Tel. 0911-49 98 33, www.sfnbg.de

Mit Glühwein durch die Stadt, das kommt gerade in Nürnberg in der Weihnachtszeit häufig vor. Erheblich stilvoller als mit eisigen Händen durchs Schneetreiben zu stolpern ist es allerdings, wenn man sich für eine Glühweinfahrt entscheidet. Nein, das ist nicht das alkoholgeschwängerte Äquivalent zu einer Kaffeefahrt, sondern ein Service der Nürnberger Verkehrsaktiengesellschaft (VAG), die einmal im Monat einen ihrer Straßenbahn-Oldtimer aus dem Historischen Straßenbahndepot holt und eine Runde durch die Stadt drehen lässt. Wie es sich so angefühlt hat in den offenen Bahnen, die über die Schienen ruckeln und in schönen Farbkombinationen aus Dunkelgrün und Creme prangen, kann man das ganze Jahr über am ersten Wochenende im Monat herausfinden. Dann nämlich fährt die historische Burgringlinie 15, die zugleich eine Reise in die Vergangenheit und eine kleine Stadtführung ist.

Dass sich die Fahrgäste wohlfühlen, dafür sorgen neben dem Fahrer auch ausgebildete Vereinsschaffner der »Freunde der Nürnberg-Fürther Straßenbahn«. Der gemeinnützige Verein arbeitet eng mit der VAG zusammen, und ohne sein Engagement wären viele Projekte des Historischen Straßenbahndepots nicht möglich. So organisieren die »Freunde« Ausstellungen, finanzierten die Restaurierung zum Beispiel des Pferdebahnwagens 11 mit und unterhalten ein umfangreiches Bildarchiv zu 130 Jahren Geschichte des Nahverkehrs.

Im zum Depot gehörigen Straßenbahnmuseum wird der Weg vom Pferdebahnwagen bis zum modernen Schienenverkehr hin lebendig und hautnah vermittelt. Mit dem ersten Pferdebahnwagen aus dem Jahr 1881 geht es los, der dort zusammen mit 23 anderen noch schienentauglichen Wagen ausgestellt ist. Verschiedene thematische Schwerpunkte, etwa über die Geschichte des Fahrscheins, aber auch Miniaturmodelle der Wagen für große und kleine Fans gibt es zu erkunden. Bei alledem ist hier im Straßenbahnmuseum Anfassen ausdrücklich erlaubt.

Auch außerhalb der Adventszeit muss der Besucher übrigens nicht auf das Vergnügen verzichten, sein Glas in einem Straßenbahn-Oldtimer zu leeren, sondern kann sich nach dem Museumsbesuch im *Straßaboh-Café* gemütlich niederlassen. Dabei handelt es sich natürlich ebenfalls um einen ausrangierten Straßenbahnwagen. Anders als bei der Glühweinfahrt besteht hier allerdings weniger Gefahr, sein Getränk in einer rüttelnden Kurve zu verschütten. *SA*

Immer noch top in Schuss: die historischen
Straßenbahnwagen der VAG.

Straßenkreuzer, Wilhelm-Spaeth-Straße 65, 90461 Nürnberg, www.strassenkreuzer.info, Terminvereinbarung »Schicht-Wechsel«-Führung Di–Do 9.00–12.00 Uhr, Tel. 0911-21 75 93 13, schichtwechsel@strassenkreuzer.info

Restaurant Estragon, Jakobstraße 19, 90402 Nürnberg, Tel. 0911-2 41 80 30, www.estragon-nuernberg.de, Öffnungszeiten Di–Fr 11.00–23.00, Sa–So 17.00–23.00 Uhr.

Liliths Second Hand Laden, Jakobstraße 21, 90402 Nürnberg, Tel. 0911-2 44 67 77, www.lilith-ev.de, Öffnungszeiten Mo–Fr 11.00–18.00, Sa 11.00–16.00 Uhr.

Eine Stadtführung steuert für gewöhnlich die schönsten und bekanntesten Sehenswürdigkeiten an. Doch neben dieser Sonnenseite gibt es auch Obdachlosigkeit, Drogensucht und Armut. Die Anlaufstellen und Zufluchtsorte für davon Betroffene sind ebenso wichtig für eine Stadt. Um auf sie aufmerksam zu machen, bietet das Sozialmagazin »Straßenkreuzer« in Nürnberg seit 2008 ein alternatives Führungsprogramm zu Orten, die in keinem Reiseführer stehen. »Schicht-Wechsel« nennt sich das Ganze. Auf drei verschiedenen Touren wird Nürnberg aus der Perspektive einer anderen sozialen Schicht präsentiert, wenn die Führerinnen und Führer auf den jeweils zweistündigen Spaziergängen von ihren eigenen Erfahrungen erzählen.

Die Route »Mittendrin und nach Westen« führt zu einem kleinen Park zwischen Sterntor und Frauentor, früher ein nächtlicher Treffpunkt von Abhängigen und Obdachlosen. Um das Problem anzugehen, gab die Stadt 100 000 Euro aus – für Skulpturen. Der 2004 gegründete Skulpturengarten (siehe Seite 72) wird nun nachts verschlossen, und die unerwünschte Klientel ist verdrängt. Wohin? Mit dieser Frage hat sich der Nürnberger Künstler Winfried Baumann befasst und Wohnsysteme für Obdachlose entworfen. 2012 entstand in einem Innenhof in der Hinteren Sterngasse sein »Occupied Wall Space«. An einer Hausfassade kleben kleine, bunte Schlafkabinen aus verschiedenen Materialien, gerade groß genug für eine Person und mit der Grundausstattung für eine Übernachtung. Leider sind diese Miniaturzimmer für »urbane Nomaden« nur eine Kunstinstallation.

Wo bekommen Obdachlose in Nürnberg wirklich eine Schlafstelle und Grundversorgung? Welche Projekte helfen ihnen, wieder einen Platz in der Gesellschaft zu finden? Die Führung geht zum »Sleep In«, einer Notschlafstelle für wohnungslose Jugendliche, und zur Heilsarmee, wo Betroffene Unterkunft und Unterstützung finden. Einen Einstieg ins Berufsleben für ehemals suchtkranke Frauen ermöglichen der karitative Second Hand Laden »Lilith«. Das *Restaurant Estragon*, ein Arbeitsprojekt für chronisch kranke und beeinträchtigte Menschen, bietet eine Ausbildung sowie einen strukturierten Alltag und den zahlreichen Gästen ein vielseitiges kulinarisches Angebot. Durch das Engagement dieser Einrichtungen finden auch sozial benachteiligte Bürger ihren Platz in Nürnberg. Darum sind sich die Mitarbeiter von »Schicht-Wechsel« einig: Auch diese Orte der Stadt sind des »Sehens würdig«! *AK*

Die »Schicht-Wechsel«-Führer zeigen Nürnberg aus der Perspektive von Armen und Obdachlosen.

ⓘ Schulmuseum im Museum Industriekultur,
Äußere Sulzbacher Straße 62, 90491 Nürnberg,
Tel. 0911-2 31 38 75 (Kasse & Information),
www.museen.nuernberg.de/schulmuseum, Öffnungszeiten Di–Fr 9.00–17.00, Sa–So 10.00–18.00 Uhr.

Führung mit historischem Unterricht nur nach
Anmeldung. Mögliche Termine Mi–Do 10.15–12.00 Uhr,
Tel. 0911-5 30 25 74. Weitere Termine Di und Fr,
Tel. 0911-1 33 12 41 (Kunst- und Kulturpädagogisches
Zentrum der Museen in Nürnberg).

Die Kreide quietscht auf der Tafel. Ein steiler Aufstrich, die Linie nach unten fallen lassen und das kleine e mit zackigem Dach versehen. »Ich bin ein Esel«, hat Christiane Raum gerade geschrieben, ein Tadel in Sütterlinschrift. Sie entführt eine Klasse in die Zeit um 1900, als das Fräulein Lehrerin noch mit Rohrstock regierte und Schüler ihre Antworten im Stehen aufsagten.

Die Drittklässler aus Windsbach haben sich in die Bänke des Historischen Klassenzimmers gezwängt, Griffel und Schiefertafeln liegen vor ihnen. Die Kinder sind beeindruckt, obwohl Christiane Raum die gestrenge Lehrerin nur spielt.

Eben haben sie im Kaufmannsladen im Museum Industriekultur erfahren, dass unsere Vorfahren sich Bohnenkaffee nur zu Weihnachten leisten konnten, dass es Reis zu kaufen gab, aber keine Nudeln – die wurden von der Mutter selbst gemacht – und dass die Spitztüten nach dem Transport zerschnitten und als Klopapier verwendet wurden. »Brrr, uaaa«, schütteln sich die Mädchen und Jungen.

Aber man lernt ja auch fürs Leben in der Schule. Über 500 Jahre verfolgt das Schulmuseum die Entwicklung der Bildung. Schon in der Frühen Neuzeit und gerade in Nürnberg mit seinem hoch entwickelten Handwerk hatte sie einen hohen Stellenwert. Lederne Ranzen und Spickzettel sind im Museum ausgestellt, an Schulbüchern wird die ideologische Färbung der Bildung erklärt, eine raumhohe Tafel darf beschrieben werden – und im Erdgeschoss befindet sich das Historische Klassenzimmer.

Auch Senioren drücken hier zuweilen die Schulbank, wenn sie sich auf Erinnerungsreise begeben. Sie zucken zusammen, wenn der Lehrer »Pfötchen« androht. Die Kinder aus Windsbach dagegen betteln förmlich um den schmerzhaften Schlag mit dem Lineal auf die Fingerspitzen: »Draufschlagen bitte!« Für Christiane Raum, die auch im Hauptberuf Pädagogin ist, verbietet sich das von selbst.

Als Disziplinierung reicht aus, wenn sie die Stimme hebt und mit dem Stock auf die Bank klopft. Aufgepasst! »Und wenn der Lehrer ein Kind zum Unkrautzupfen oder Obstpflücken in den Garten geholt hat, war das eine Strafe?«, fragt sie. Die Schüler blicken ratlos. »Ihr wärt scharf darauf gewesen!«, lächelt die Lehrerin. Denn es war eine Ehre, und vielleicht fielen sogar ein Apfel oder ein paar Zwetschgen für stets hungrige Buben und Mädchen dabei ab. Auch die Kinder aus Windsbach dürfen etwas mitnehmen: ein Fleißkärtchen. *GP*

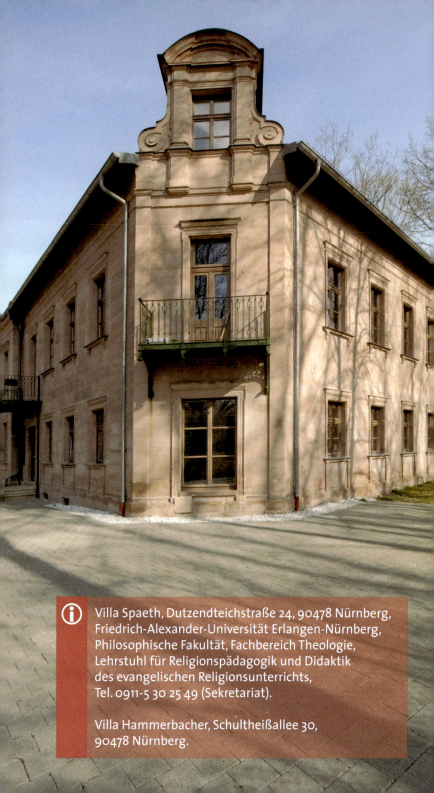

Villa Spaeth, Dutzendteichstraße 24, 90478 Nürnberg,
Friedrich-Alexander-Universität Erlangen-Nürnberg,
Philosophische Fakultät, Fachbereich Theologie,
Lehrstuhl für Religionspädagogik und Didaktik
des evangelischen Religionsunterrichts,
Tel. 0911-5 30 25 49 (Sekretariat).

Villa Hammerbacher, Schultheißallee 30,
90478 Nürnberg.

Die Villa in der Dutzendteichstraße trägt den Namen des erfindungs-
reichen Industriellen Johann Wilhelm Spaeth (1786–1854), der auf
besondere Weise mit Nürnberg verbunden ist: In seiner Maschinen-
fabrik wurde der – in Einzelteilen aus England importierte – Adler
zusammengebaut. Jene Lokomotive, die 1835 als erste deutsche Eisenbahn Nürnberg und Fürth verband. Die Technik der Schleusen und
Stauwehre des Ludwig-Donau-Main-Kanals (siehe Seite 132) stammt
ebenfalls von Spaeth.

Der Schwiegersohn des ehemaligen »Mühlenarztes« Spaeth, Johannes Falk, ließ 1872 von Conradin Walther den zweigeschossigen
Sandsteinquaderbau im Stil des Neubarocks am Rand des Firmenge-
ländes errichten. Seitdem hat das gründerzeitliche Gebäude eine bewegte Geschichte hinter sich. Den Nazis war die Fabrik in Sichtweite
des Reichsparteitagsgeländes ein Dorn im Auge – einer der Schlote
musste um sechs Meter gekürzt und außerdem vor jedem Reichspar-
teitag zur Tarnung himmelblau angestrichen werden. Schließlich ging
das Areal mitsamt der Villa in den Besitz des »Zweckverbands Reichs-
parteitag Nürnberg« über.

Für wenige Jahre – von 1929 bis zur Enteignung 1933 – gehörte der
Bau dem jüdischen Kaufmann Paul Simon. Heute hat die Philosophische Fakultät der Friedrich-Alexander-Universität in den schönen
Räumen ihr Quartier bezogen. Es ist also wieder möglich, den roten
Saal im ersten Stock mit seiner beeindruckenden Stuckdecke oder das
prunkvolle Treppenhaus zu besichtigen – man muss sich nur als Stu-
dent für evangelische Religionspädagogik einschreiben. Oder einfach
höflich im Sekretariat nachfragen.

Wer sich auf architektonische Spurensuche begibt, wird auch auf
die Hammerbacher'sche Villa am Westrand des ehemaligen Firmen-
geländes aufmerksam werden. Auf den Verfall dieses Baudenkmals
von 1869/70 im Stil der Neurenaissance machte der Künstler Martin
Sturm 2005 in einer charmanten Kunstaktion aufmerksam: Wer in
der S-Bahnlinie 9 zwischen Meistersingerhalle und Dokumentationszentrum (siehe Seite 58) fuhr, konnte für einige Sekunden die Villa
doppelt sehen: realiter in ihrem desolaten Zustand anno 2005 und
daneben – perspektivisch in gleicher Größe – als zukunftsweisendes
Modell an der Fensterscheibe des Wagens. Die Vision des Künstlers ist
wahr geworden: Die Hammerbacher'sche Villa ist inzwischen ebenfalls gerettet und restauriert. *HA*

Lange Zeit ein Schatten ihrer selbst, wurde die Villa
Hammerbacher mittlerweile aufwendig restauriert.

Dokumentationszentrum Reichparteitagsgelände, Bayernstraße 110, 90478 Nürnberg, Tel. 0911-2 31 75 38, www.museen.nuernberg.de/dokuzentrum, Öffnungszeiten Mo–Fr 9.00–18.00, Sa–So 10.00–18.00 Uhr. Einlass bis 1 Stunde vor Schließung.

Monumentales Zeugnis von Macht und Mythos

Am Dutzendteich erinnert ein gigantisches Bauwerk an das Kolosse-um in Rom: die ehemalige Kongresshalle, größtes Zeugnis national-sozialistischer Architektur in Deutschland. Während der Reichspar-teitage sollte sie 50 000 Menschen fassen. Nachdem Adolf Hitler 1933 Nürnberg zur Stadt der Reichsparteitage erklärt hatte, plante sein Ar-chitekt Albert Speer das Reichsparteitagsgelände. Das elf Quadrat-kilometer große Areal sollte der Machtdemonstration der NSDAP dienen. Mit Reden Hitlers, Paraden und Aufmärschen aller NS-Orga-nisationen, Fahnenweihen und sportlichen Gemeinschaftsveranstal-tungen fanden hier bis 1938 die Reichsparteitage statt. Etwa eine Mil-lion Teilnehmer und Besucher versetzten Nürnberg jeden Herbst eine Woche lang in Ausnahmezustand.

Die noch erhaltenen Baureste sind Zeugnisse des Größenwahns nationalsozialistischer Selbstinszenierung. Um diesen historischen Ort zeitgemäß darstellen zu können, eröffnete 2001 das von Günther Domenig geplante Dokumentationszentrum Reichsparteitagsgelände in der ehemaligen Kongresshalle. Wie ein gläserner Stachel ragt der Eingang aus dem Gebäude. Er ist das Ende eines über 100 Meter lan-gen Ganges aus Glas und Stahl, der den Nordflügel diagonal durch-bohrt und durch den man in Säle mit Marmorsäulen und alten Back-steinmauern schaut wie in eine andere Zeit.

Die Dauerausstellung »Faszination und Gewalt« vermittelt auf 1 300 Quadratmetern eine Ahnung von den NS-Propagandamecha-nismen und der Anziehungskraft von Massenveranstaltungen wie den Reichsparteitagen. Die Ausstellung befasst sich mit Entstehung, Ent-wicklungen und Folgen nationalsozialistischer Machtstruktur und Zwangsherrschaft. Dabei steht die Bedeutung Nürnbergs im Zent-rum: die Baugeschichte und Architektur des Reichsparteitagsgelän-des, die NS-Parteitage als Ritual und Erlebnis, die »Nürnberger Geset-ze« von 1935, die »Nürnberger Prozesse« und die Auseinandersetzung mit dem Reichsparteitagsgelände nach Kriegsende. Eine Jugend-Au-dioführung ermöglicht mit Kommentaren und anschaulichen Erläu-terungen einen alternativen Zugang zu den Fragen und Themen der Ausstellung. Dokumentarfilme und Zeitzeugen-Interviews geben ei-nen Eindruck vom Leben unter der Gewaltherrschaft. Der Blick von einer freischwebenden Plattform in den monumentalen Innenhof der Kongresshalle vermittelt eine Idee für die NS-Gigantomanie. *AK*

In der ehemaligen NS-Kongresshalle informiert das Dokuzentrum über das Faszinosum »Gewalt«.

MORS
ULTIMA
LINEA
RERUM
EST
HORAZ

Leitfriedhof, Trierer Straße 35, 90469 Nürnberg, Tel. 0911-2 31 25 75 (Friedhofsverwaltung Nürnberg), www.leitfriedhof-nuernberg.de, Öffnungszeiten Nov–März 8.00–17.00, Mai–Aug 7.00–20.00, Apr und Sep–Okt 7.00–19.00 Uhr.

Der Leitfriedhof zeigt neue Formen der Grab- und Anlagengestaltung

In diesen Gräbern liegen keine Toten. Dass dennoch jedes Jahr Tausende Besucher zum Leitfriedhof im Nürnberger Süden pilgern, hat einen anderen Grund als Trauer: Die bundesweit einmalige Anlage präsentiert frei zugänglich neue Formen und Trends der Grabgestaltung.

»Der Tod steht am Ende aller Dinge«, mahnt eine Inschrift auf einem der Grabsteine. 250 Grabzeichen und Grabstätten – vom Einzelgrab über Urnenfelder bis hin zu Stelen – spiegeln beispielhaft unsere Form des Totengedenkens. Die klassische Ruhestätte mit Granitstein und sauberer Umfassung, die mit Frühlingsblühern und Rosenstöckchen bepflanzt wird und der die Jahreszeiten ganz unterschiedliche Stimmungen einschreiben. Oder doch lieber ein Grab, das von pflegeleichten Bodendeckern umflort wird?

Dabei sind Friedhöfe vor allem ein Ort für die Hinterbliebenen, die Stätten, an denen Trauerarbeit im ganz ursprünglichen Sinn geleistet wird: Blumen pflanzen, Blätter fegen und dabei den Schmerz sich in bleibende Erinnerung an den geliebten Menschen wandeln lassen. »Seelenrutschen«, wie Steinmetze industriell gefertigte Steine in beliebigen Formen nennen, geben da kaum Halt.

Wie muss ein Grab gestaltet sein, um die Erinnerung an den Verstorbenen ganz individuell zu zeichnen? Welcher Stein, welche Form passt zur Persönlichkeit dieses Menschen? Was sind die Bedürfnisse der Angehörigen? Wer den Grabmalberater Michael Gärtner über den 1981 gegründeten Leitfriedhof begleitet, erfährt viel über die heutige Bestattungskultur. Über den Trend zur Anonymisierung – Beisetzung in Urnenwänden und Friedwäldern oder anonyme Streuwiesen – und die Bedeutung rituellen Erinnerns.

Sie sollte nicht unterschätzt werden, mahnt Gärtner. Er weist auf die Rolle des Friedhofs als Ganzes hin. Seine Mauer trennt das Drinnen, den Ort der Toten und der Trauer, vom Draußen, der Welt der Lebenden. Das soll die Freude an einem Spaziergang über den Leitfriedhof nicht trüben. Seine zehn Abteilungen sind in einen Landschaftspark eingebettet, Sonnenstrahlen scheinen durch die Baumwipfel, und die Vögel zwitschern. Außerdem: Es ist einfach schön, unter den ausladenden Ästen der 100-jährigen Eiche in seinem Zentrum auszuruhen – und das eigene Leben noch ein bisschen zu genießen. *GP*

Dass der Tod am Ende aller Dinge steht, wusste bereits Horaz.

Wasserschloss Oberbürg, Oberbürger Straße 1,
90482 Nürnberg.

Naturerlebnispfad Pegnitztal Ost,
www.umwelt.nuernberg.de (unter »Projekte«).

Auf der Suche nach der Vergangenheit
Das ehemalige Wasserschloss Oberbürg

Es ist keine imposante Burg, deren Überreste sich schroff über einen bewaldeten Hang erheben und noch im Verfall ihre einstige Größe proklamieren. Die Ruine des Wasserschlosses Oberbürg, das im Zweiten Weltkrieg zerbombt und 1966 weiter abgebrochen wurde, versteckt sich inmitten des östlichen Pegnitztals. Seit dem Jahr 2000 gibt es in den Auen auch einen Naturerlebnispfad, der sich zwischen Laufamholz und Mögeldorf erstreckt. Hier kann der lärmgeplagte Städter Natur und Stille erleben.

Stille, Einsamkeit und ein Gefühl für die Vergänglichkeit durchziehen auch den Besuch der Burgruine – wenn »Besuch« nicht schon zu hoch gegriffen ist. Ein Abstecher, eine unerwartete Begegnung mit dem Zeugnis einer vergangenen Zeit, ein abgeschiedener Treffpunkt zum Stelldichein. All das trifft es besser. Wer nicht weiß, wonach er sucht, wird Nürnbergs einstmals schönstes Wasserschloss nur durch Zufall entdecken: Ein einsam stehendes Türmchen mitten im Grünen, ehedem strukturbildendes Element der Ummauerung, ist das Einzige, was von der nach Laufamholz führenden Straße aus sichtbar ist.

Zu Beginn des 16. Jahrhunderts von einem bescheidenen hölzernen Bauwerk »in einem öden Weiher« zu einer dreiteiligen Schlossanlage gewachsen, erlebte das Wasserschloss eine wechselhafte Geschichte mit vielen Höhen und Tiefen. Eine Plünderung im Markgrafenkrieg 1552, Besitzwechsel aufgrund von Bankrott, barocke Pracht und Festlichkeiten unter der Gräfin von Pohlheim bis hin zum Brand nach einem Bombenabwurf im August 1943 – die Oberbürg hat Geschichte gesehen und geschrieben.

Wer aber heute nach den Spuren der Vergangenheit sucht, der folgt einem Trampelpfad über Stock und Stein, bis sich die ehemalige Toreinfahrt vor ihm auftut. Die Straße und die moderne Stadt könnten jahrhundertweit entfernt sein. Der große Innenhof, umschlossen von noch intakten Mauern, wirkt einsam und ein wenig melancholisch. Graffiti verunzieren einzelne Wände, und das Gras im Hof wuchert. Es ist kein Ort verklärter Romantik; schweigende, ein wenig brütende Wehmut herrscht vor. Zwei Rollenspieler in Mittelalterkluft und mit Schwert wandeln über den Hof, ohne von irgendjemandem Notiz zu nehmen. Abseits der Welt findet man hier Gelegenheit zu Reflexionen und unerwarteten Impressionen: Die Ruine der Oberbürg atmet Verfall und Zeitlosigkeit gleichermaßen. *SA*

Von der einstigen Pracht der Oberbürg zeugen nur noch wenige erhalten gebliebene Bauelemente.

Industriegut Hammer, Christoph-Carl-Platz 2–12, 90482 Nürnberg. Öffnungszeiten Ausstellung im Uhrenhaus Ostersonntag–Okt So 14.00–17.00 Uhr.

Führungen nur nach Vereinbarung unter Tel. 0175-4 37 19 02 (Herr Watzke).

Wer sich der einstigen Siedlung Hammer von Westen nähert, geht gegen den Strom. Sieht die Pegnitz fließen wie Seide, hört ihr Plätschern, wo sie übers Wehr fällt. Ein leises, aber beständiges Summen legt sich darüber. Seit 2009 holt ein Flusskraftwerk aus dem Wasser Strom.

Wasser ist nicht nur Leben, sondern es bedeutet seit Jahrhunderten auch Energie, wie dieser Ort auf besondere Weise bekundet. 1372 wurde das Industriegut erstmals urkundlich erwähnt. Es hatte sich zunächst aus einer Mühle entwickelt: Wasserkraft trieb einen Messinghammer an, im 16. Jahrhundert war es eine Drahtziehermühle und später, Anfang des 19. Jahrhunderts, als »Messing- und Lahngoldwerk Hammer« die größte Fabrik im Nürnberger Land.

Der Lärm der schlagenden Hämmer, die Messingblöcke zu hauchdünnen Folien austrieben, ist längst verklungen. Heute tauchen Besucher in eine ländliche Idylle ein, in der die Zeit still zu stehen scheint. Der Wind streicht über den Platz zwischen Fachwerk- und Sandsteinhäusern und Vögel zwitschern in den Zweigen.

Das Wirtshaus *Einkehr zum Hammer* und das ehemalige Herrenhaus stehen in Ruinen. Als hätte Edgar Allan Poe das letzte Wort einer mysteriösen Erzählung geschrieben und eben die Feder aus der Hand gelegt. 144 Menschen haben hier einmal gelebt, 1650 hatten die Fabrikbesitzer eine Schule errichtet, Arbeiter wohnten mietfrei, und Alte und Witwen konnten mit einer Rente rechnen. Als Gegenleistung durfte keines der Betriebsgeheimnisse nach außen dringen. Mit gutem Grund: Die Metallfolien aus Hammer wurden im 19. Jahrhundert bis nach Bombay geliefert, wo sie Tempeldächer und Türmchen deckten.

Wie damals gelebt und gearbeitet wurde, hält eine Ausstellung fest. Die regulären Öffnungszeiten beschränken sich auf drei Sonntagsstunden, doch ein Spaziergang lohnt immer. Die Siedlung – 1943 bei Luftangriffen weitgehend zerstört und 1958 dem Wasserschutzgebiet zugeschlagen – wurde von 1978 bis 1992 von der EWAG (heute N-ERGIE) saniert und unter Denkmalschutz gestellt: Am Verwaltungsgebäude mit seinen patinagrün gestrichenen Fensterläden, den rekonstruierten Arbeiterhäusern und dem Uhrenhaus wird Industriegeschichte sichtbar.

Kurios wirkt der Obelisk auf dem Christoph-Carl-Platz: Johann Volkamer, einst Besitzer des Messingwerkes, ließ die Sandsteinstele 1861 aus seinen Gärten in Gostenhof nach Hammer bringen. *GP*

Die Mühle schweigt, und auch die *Einkehr zum Hammer* empfängt schon lange keine Gäste mehr.

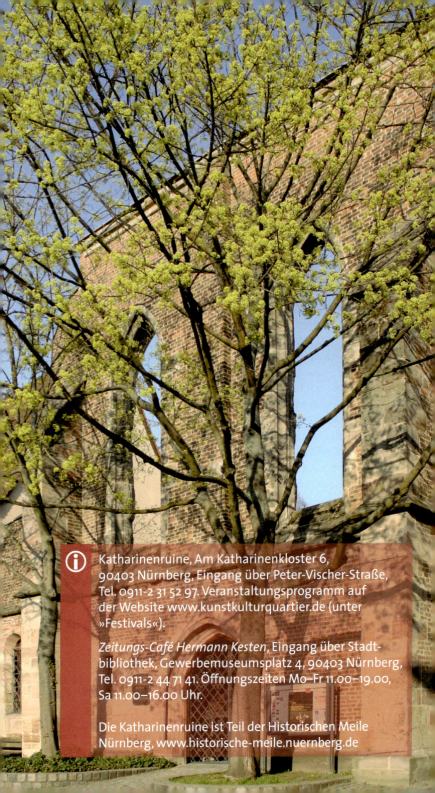

ⓘ Katharinenruine, Am Katharinenkloster 6,
90403 Nürnberg, Eingang über Peter-Vischer-Straße,
Tel. 0911-2 31 52 97. Veranstaltungsprogramm auf
der Website www.kunstkulturquartier.de (unter
»Festivals«).

Zeitungs-Café Hermann Kesten, Eingang über Stadt-
bibliothek, Gewerbemuseumsplatz 4, 90403 Nürnberg,
Tel. 0911-2 44 71 41. Öffnungszeiten Mo–Fr 11.00–19.00,
Sa 11.00–16.00 Uhr.

Die Katharinenruine ist Teil der Historischen Meile
Nürnberg, www.historische-meile.nuernberg.de

Die Kirche, Ort der Andacht und Stille? Nicht das Katharinenkloster. Im Gegenteil: Hier wird ins Mikro geröhrt und werden theatralische Liebesschwüre gesprochen. Immer sommers, wenn sich die einstige Kirche in die wohl romantischste und spektakulärste Kulisse für Freiluft-Veranstaltungen in der ganzen Stadt verwandelt. Während des »St. Katharina Open Air« fällt der Vorhang für Musiker, Schauspieler, Poeten und Kabarettisten aus Franken und der ganzen Welt. Auch das Open Air Kino profitiert von der einmaligen Akustik der Ruine.

Kultur wird in dem ehemaligen Gotteshaus nicht erst seit Sicherung der Ruine Anfang der Siebzigerjahre zelebriert. Das 1297 geweihte Dominikanerinnenkloster beherbergte mit ca. 500–600 Bänden die größte dokumentierte deutschsprachige Klosterbibliothek des 15. Jahrhunderts. 1596, nach dem Tod der letzten Priorin aufgelöst, nutzten es 1620–1778 die Meistersinger. Selbst Politiker hielten Einzug in die Kirchenmauern, etwa um sich auf die Revolution von 1848 einzustimmen. Ab 1887 fanden, in Erinnerung an die Meistersinger, regelmäßig wieder Musikveranstaltungen statt. Während des Dritten Reiches wurden hier die Reichskleinodien ausgestellt.

Heute bleibt die Klosterkirche als sichtbare Narbe des Zweiten Weltkrieges zurück. Beim Bombenhagel der Alliierten am 2. Januar 1945 brannte das Katharinenkloster bis auf die Grundmauern aus; einen Monat später, im Februar 1945, blieben nach weiteren Angriffen von dem einst prächtigen Gotteshaus nur noch Mauerreste übrig: die Kirchenruine, die Umfassungsmauern und der ehemalige Kreuzgang. Ein großer Verlust, denn dreischiffige Emporenbasiliken wie diese waren in der abendländischen Kirchenbaukunst extrem selten.

Doch gerade dieses spirituelle Flair macht einen Abend unter freiem Himmel in der Katharinenruine so besonders. Nicht umsonst gilt sie als die stimmungsvollste Bühne des Bardentreffens (siehe Seite 70). Selbst Regen kann dem nichts anhaben – einfach einen Schirm einpacken.

Noch ein Tipp: Gleich neben der Katharinenruine befindet sich das *Zeitungs-Café* der Stadtbibliothek (siehe Seite 68). Nicht nur, dass man hier Zeitungen aus der ganzen Welt lesen kann, selbst die Getränke sind literarisch verfeinert. Ein Hochgenuss ist zum Beispiel eine Tasse »Kafka« – ein Mix aus Kaffee und Kakao mit dicker Sahnehaube. Bei schönem Wetter darf man es sich auch im ehemaligen Klosterhof gemütlich machen. *SW*

Die Ruine des Katharinenklosters wird heute für Open-Air-Musikveranstaltungen genutzt.

Stadt
bibliothek

CDs
Comics
DVDs
Hörbücher
Musik
Noten
Onleihe
Roman
Sach
Spiel
Zeits
Zeitu

L HAUS LUITPO KATHARINEN-
                       KLOSTER

(i) Stadtbibliothek im Bildungscampus Nürnberg,
Gewerbemuseumsplatz 4, 90403 Nürnberg,
Tel. 0911-2 31 75 65, www.stadtbibliothek.nuernberg.de,
Öffnungszeiten Mo–Fr 11.00–19.00, Sa 11.00–16.00 Uhr.

Lesen ist ein Abenteuer, das weiß jeder, der sich schon einmal zwischen den Seiten eines spannenden Buches verloren hat – ein Abenteuer, zu dem aber viele Menschen heute keinen Zugang mehr finden. Der Bildungscampus Nürnberg hat es sich zur Aufgabe gemacht, möglichst vielen Menschen diesen Zugang zum geschriebenen Wort zu bieten. Und darüber hinaus auch zur Musik und zu anderen Kulturgütern. Um die 700 000 Medien vereint eine der ältesten kommunalen Bibliotheken – und damit auch 600 Jahre Buch- und Mediengeschichte unter einem Dach. Eine Geschichte, die im Jahr 1525 damit beginnt, dass die Stadt Buchbestände aus Klöstern übernimmt, die im Zuge der Reformation aufgelöst wurden. Heute kann man diese ältesten Schätze der Bibliothek in den Handschriftenräumen finden. Alte Schriftkunst und modernste Technik verbinden sich dort, erfordert doch die Erhaltung der mittelalterlichen Buchschätze etwa ein spezielles Lüftungsgerät inklusive Solaranlage. Eine ganz andere Welt eröffnet sich den Besuchern im Bereich der »jungen Bibliothek«: gemütliche Leseplätze, offene Räume und ein Angebot vom Jugendroman bis hin zum Manga.

Bis diese Räumlichkeiten zugänglich waren, dauerte es freilich. Das ursprüngliche, 1911 erbaute Luitpoldhaus war im Krieg fast komplett zerstört und 1950 wieder aufgebaut worden. Im Jahr 2012 wurde das energetisch sanierte, renovierte und erweiterte Gebäude schließlich als neue Stadtbibliothek der Öffentlichkeit zugänglich, doch dem waren jahrelange Streitigkeiten um die Zusammenlegung und Finanzierung der Nürnberger Bibliotheken vorausgegangen. Und auch die Architektur mit dem neuen, hohen Zwischenbau, viel Glas und modernen Linien war zunächst keineswegs unumstritten, ist aber seitdem durchaus positiv aufgenommen worden.

Das hat sicherlich auch damit zu tun, dass das Angebot der Bibliothek sehr offen und niederschwellig konzipiert ist: Ein Ausweis lässt sich denkbar einfach ausstellen, eine Jahresgebühr gibt es nicht, und das 24-Stunden-Rückgabesystem erleichtert die rechtzeitige Wiederkehr der Medien. Auch die erste Ausleihe, inklusive der Bestände der größten Musikbibliothek Nordbayerns, ist kostenlos. Nur wer seine Leihfrist verlängern will oder die Fristen überzieht, muss zahlen. Dem Abenteuer Lesen mit all seinen Nebenwirkungen wie Bildung und Erweiterung des Horizonts stehen also praktisch keine Hindernisse im Weg. *SA*

Die Nürnberger Stadtbibliothek kann auf 600 Jahre Kultur- und Geistesgeschichte zurückblicken.

ⓘ Hans-Sachs-Denkmal, auf dem Hans-Sachs-Platz,
90403 Nürnberg.

Bardentreffen, Tel. 0911-2 31 40 00 (Kultur Information),
www.bardentreffen.de

Bardentreffen Nürnberg
Ein Wochenende Weltmusik auf den Spuren der Meistersinger

Vor dem Bauch den Schusterschurz, in den Händen Stift und Perga-
ment, ein Stapel Bücher unter dem Schemel – so sitzt Hans Sachs in
der Nürnberger Innenstadt auf einem schlichten Granitsockel. Das
1874 enthüllte Denkmal des Bildhauers Johann Konrad Krausser zeigt
Hans Sachs als Schuhmacher und Dichter; in beidem ein Meister seines Fachs. 1516 ließ er sich in Nürnberg nieder, wo er als berühmtester
Meistersinger aus der Nürnberger Singschule hervorging. Er schrieb
an die 4 000 Meisterlieder und wurde bekannt als Sänger, Reformator
und einer der produktivsten deutschen Dichter des 16. Jahrhunderts.
Ein musikalisches Denkmal setzte ihm Richard Wagner, der ihn zu
einer Hauptfigur seiner Oper *Die Meistersinger von Nürnberg* (1868)
machte.

Dem Ruf als Treffpunkt reisender Sänger wird Nürnberg auch heute noch gerecht, wenn sich am ersten Wochenende der bayerischen
Sommerferien die ganze Innenstadt in ein Festivalgelände mit Multi-
kulti-Flair verwandelt. Unter dem Motto »Spiel mit Sachs« stand das
erste Bardentreffen 1976, zum 400. Todestag des Meistersingers. Anfangs noch ein kleines Fest mit Amateur-Liedermachern, ist das Bardentreffen mit über 200 000 Besuchern inzwischen das größte Welt-
musikfestival Deutschlands. Bei freiem Eintritt kann man drei Tage
lang internationalen Bands und Sängern lauschen. Viele renommierte
Musiker wie Konstantin Wecker, Dan Reeder, Joan Armatrading und
die Leningrad Cowboys waren bereits zu Gast. Daneben treten Nach-
wuchstalente und Geheimtipps der fränkischen Songwriter-Szene
auf. Mittlerweile neun Bühnen werden parallel bespielt.

Da hat man die Qual der Wahl oder lässt sich einfach im Besu-
cherstrom treiben: vom Hauptmarkt auf den Lorenzer Platz, zur Insel
Schütt oder Katharinenruine (siehe Seite 66), vorbei an den vielen in-
offiziellen Straßenmusikern, die dem Fest seinen unkonventionellen
Charme geben. Von einem Gitarrensolo angelockt, findet man sich
plötzlich in einem Publikum von über Hundert Zuschauern wieder,
kurz danach bleibt man in einer Menschentraube hängen, die sich um
eine A-cappella-Gruppe auf der Museumsbrücke gebildet hat. Rock-
und Pop-Klänge mischen sich mit Folklore und den Songs klassischer
Liedermacher. Die ganze Altstadt ist in Bewegung, bis es heißt: »die
nacht neigt sich gen occident, der tag get auff von orient ...« (Hans
Sachs, *Die wittembergisch Nachtigal*, 1523). *AK*

Im Geiste von Hans Sachs lädt das Bardentreffen jedes
Jahr im Sommer zum »Vorsingen« ein.

Skulpturengarten am Neuen Museum Nürnberg,
zwischen Sterntor und Frauentor, im Frauentorgraben,
90402 Nürnberg, Tel. 0911–24 02 00 (Neues Museum),
www.nmn.de (unter »Besucherinfo«).
Öffnungszeiten Apr–Sep tägl. 9.00–20.00,
Okt–März tägl. 9.00–18.00 Uhr.

Der Nürnberger Skulpturengarten liegt eher unscheinbar zwischen Sterntor und Frauentor. Bänke im Schatten alter Bäume laden zu einer Pause ein, möchte man dem Gedränge und der Hektik der Innenstadt entgehen. Doch obwohl man den grünen Flecken zwischen Festungsmauer und Burggraben meist nur mit ein paar Rentnern und Jugendlichen teilt, wird man Ruhe hier vergeblich suchen. Der Lärm der Straße dringt in den Garten und stört die Idylle. Dem Auge ist allerdings einiges geboten. Wie schiefe Ringe hängen in den Bäumen die *Baum-Krone* und die *Baum-Säge* von Timm Ulrichs (geb. 1940); ein Gestalt gewordenes Wortspiel, das manchen Betrachter schmunzeln lässt. Auch das *Tempelchen* von Johannes Brus (geb. 1942) fällt sofort ins Auge. Pferd, Nashorn, Adler und Ibis thronen bunt auf ihren Baumsockeln.

Die Skulpturen sind Werke namhafter Bildhauer wie Horst Münch, Bernd Klötzer, Hiromi Akiyama – und Karl Prantl (1923–2010). Der österreichische Künstler studierte Malerei in Wien. Ab 1950 beschäftigte er sich autodidaktisch mit der Bearbeitung von Stein – ein Material, das ihn zunehmend faszinierte. Draußen in ländlicher Umgebung zu arbeiten prägte sein Leben und Werk. 1959 rief er das erste europäische Bildhauersymposium ins Leben. Drei Monate lang arbeiteten Künstler aus ganz Europa in einem Steinbruch unter freiem Himmel statt im Atelier. Das Symposium gewann in den Sechziger- und Siebzigerjahren vor allem für Kunstschaffende aus dem Ostblock an Bedeutung: als Symbol für künstlerische Freiheit. In den Westen einreisen durften sie allerdings nur mit notariell beglaubigter Einladung.

2004 stiftete das Galeristen-Ehepaar Marianne und Hansfried Defet der Stadt Nürnberg sieben Kunstwerke aus ihrem Privatbesitz zur Gestaltung einer kleinen Grünfläche. Zwei weitere Werke konnten mithilfe von Sponsoren dazugekauft werden. Selbst wenn der tiefere Sinn der Plastiken sich eher dem Kunstkenner als dem unkundigen Betrachter erschließt, so stoßen die Plastiken doch die Gedanken an, verlangsamen den Schritt, öffnen den Blick, hinterlassen Eindrücke, die man zwar nicht in Einkaufstüten nach Hause tragen, aber dennoch mitnehmen kann. In den Garten gelangt man durch ein Tor an der Ecke Frauentormauer und Vordere Sterngasse oder vom Neuen Museum her kommend durch den zweiten Zugang ebenfalls in der Frauentormauer. *HA*

Das *Tempelchen* von Johannes Brus im Nürnberger Skulpturengarten.

Kunstvilla im KunstKulturQuartier, Blumenstraße 17,
90402 Nürnberg, Tel. 0911-23 11 40 15,
www.kunstvilla.org, Öffnungszeiten Di 10.00–18.00,
Mi 10.00–20.00, Do–So und Fei 10.00–18.00 Uhr.

Die Kunstvilla in der Blumenstraße

Museen gibt es in Nürnberg viele. Genug, ist man versucht zu sagen. Tatsächlich aber schließt die neue Kunstvilla eine Lücke. Was in den zwölf Räumen der Gründerzeitvilla seit Mai 2014 ausgestellt wird, sind nämlich Exponate ausschließlich regionaler Künstler von 1900 bis heute. Bereits der Ausstellungsort selbst – seit 2011 aufwendig restauriert – kann auf eine bewegte Vergangenheit zurückblicken. Von den Villen im Stil des Historismus und Neobarock, die im 19. Jahrhundert in der Marienvorstadt erbaut wurden, überlebte nur diese eine den Krieg und das Bombardement der Alliierten weitgehend unbeschadet. Es war das Stadthaus des wohlhabenden jüdischen Hopfenhändlers Emil Hopf, 1894 auf dem Gelände eines ehemaligen Blindenheims errichtet. Enteignung in der NS-Zeit, Rückerstattung an die Unternehmerin Margarete Grünfeld, in den späten Fünfzigerjahren an das Pressehaus Nürnberg verkauft und schließlich der Stadt als Standort für eine fränkische Galerie geschenkt.

Auch die Architektur ist geschichtsträchtig: Mit den Stuckdecken, mit heroischen Statuen über dem Eingang und außergewöhnlichen Kastenfenstern, ist sie ein Paradebeispiel gründerzeitlicher Pracht. Bei der Restaurierung kamen immer wieder Überraschungen zum Vorschein, die den Status als Baudenkmal bestätigten: So legte die Reinigung der Kassettendecke im Erdgeschoss eine bislang unbekannte Goldumrandung frei, und im »Ammenzimmer« unter dem Dach findet sich eine Wandmalerei mit einer Gruppe tanzender Zwerge.

Die Exponate der Kunstvilla stehen in gewisser Spannung zur Architektur der Räume: Moderne Kunst aus der Region wird auf insgesamt 600 Quadratmetern gezeigt, vieles davon Werke, die jahrzehntelang in den Depots diverser Kunstsammlungen vergessen worden waren und jetzt ebenfalls renoviert, neu inventarisiert und zum Teil erstmals der Öffentlichkeit zugänglich gemacht werden. Verfemte und in der Zeit des Nationalsozialismus als »entartet« gebrandmarkte Künstler finden sich in den Sammlungen, aber auch solche, die sich durchlavierten, harmlose oder scheinbar harmlose Bilder malten, ohne sich der Nazi-Ideologie anzupassen oder die Machthaber gegen sich aufzubringen. Und natürlich sind spätere Kunstschaffende darunter, wie der 2003 verstorbene Michael Mathias Prechtl. Dem Besucher aus der Region werden sich durchaus vertraute Anblicke bieten. So hat der 1945 geborene Beuys-Schüler Peter Angermann etwa die Kirschblüte bei Kalchreuth in einem Gemälde festgehalten. *SA*

Bereits die aufwendig restaurierte Fassade der Kunstvilla ist ein Stück Kunstgeschichte.

Galerie Atzenhofer, Maxplatz 46a, 90403 Nürnberg,
Tel. 0911-50 73 98 07 oder 0152-33 86 80 66,
www.galerieatzenhofer.de, Öffnungszeiten
Do–So 13.00–18.00 Uhr.

Die Galerie Atzenhofer, seit 2007 eine außergewöhnliche Adresse für Kunst und Kultur, ist mit den Jahren aus dem schnuckeligen Fachwerkhäuschen in der Weißgerbergasse herausgewachsen. Im Sommer 2013 war es dann so weit: Die Kartons, gefüllt mit allerhand Wertvollem – den Fensterbildern von Jürgen Durner und Gemälden von Johannes Grützke, Anton Atzenhofer sowie zahlreichen anderen bekannten Künstlern –, haben am Maxplatz ein neues Zuhause gefunden. Unter dem Kreuzbogengewölbe eines ehemaligen Pferdestalles ist nun nicht nur für die Ausstellungen, sondern auch die vielfältigen kulturellen Veranstaltungen der Galerie genug Platz.

Lesungen, Buchvorstellungen, Theaterstücke und Filmvorführungen locken Kunstinteressierte sowie Touristen in die freundliche Galerie, deren Ziel es ist, Neugierigen die Schwellenangst zu nehmen und zu zeigen, dass hochwertige Kunst durchaus auch unterhaltsam sein kann. So ist auch der Stil der Bilder in der Galerie vorwiegend gegenständlich, abstrakte Gemälde findet man seltener darunter. Dass bei der Auswahl der Exponate auch Humor eine Rolle spielt, spürt man gleich. »Humor ist eine abstrakte Sicht der Dinge«, verrät Anton Atzenhofer. Der gelernte Grafikdesigner hat zwar ein eigenes Atelier, dennoch kann man ihm manchmal beim Malen in den Galerieräumen über die Schulter schauen oder seine Bilder in den Ausstellungen betrachten.

Die Galerie verkauft aber nicht nur Gemälde, sondern auch Fine Art Prints, Druckgrafiken und einzigartige Postkarten. Wer das Gesehene noch eine Weile wirken lassen will, kann dies im *Galeriecafé* tun, am besten bei einem Stück hausgemachten Kuchen. Die Galeristin Lydia Schuster sorgt aber natürlich nicht nur für das leibliche Wohl ihrer Gäste, sondern lädt alle zwei Monate zu außergewöhnlichen Ausstellungen ein: Verblüfft entdeckt man Renoir und Dürer an der Wand. Wer genau hinsieht, erkennt spätestens an der Signatur, dass es sich um Fälschungen handelt: Über Hundert Plagiate und Interpretationen berühmter Meister wurden von 27 Künstlern aus ganz Deutschland für die Themenausstellung »Fabulous Fakes« angefertigt. Unter dem Motto »Auf die Barrikaden!« kommentierten Cartoons, Gemälde, Drucke und Karikaturen die Bundestagswahl 2009. Thematisch dicht am Zeitgeschehen, sind die Veranstaltungen der Galerie Atzenhofer für Kenner und Laien immer wieder ein lebendiges Erlebnis. *HA*

Die neuen Räumlichkeiten der Galerie Atzenhofer bieten mehr »Freiraum« für die Kunst.

Märchen im Turm, im Stadtmauerturm,
Vestnertormauer 5, 90403 Nürnberg,
Tel. 0911-40 26 79 (Frau Reingard Fuchs),
www.kubiss.de/maerchen-im-turm,
am letzten Do im Monat 19.00–20.30 Uhr.

Weitere Märchenangebote auf der Website
www.kubiss.de/fuchs

Von Sagen, Legenden und Studenten

Wohl keiner hat die Nürnberger so oft an der Nase herumgeführt wie Eppelein von Gailingen. Ein goldenes Vogelhaus soll der Raubritter aus der Stadt gestohlen sowie eine reiche Patrizierbraut an ihrer Hochzeit überfallen und auch noch geküsst haben. Seine wohl größte List: Mit seinem Pferd sprang er von der Nürnberger Burgmauer und entkam so dem Henkerstod. Noch heute zeugen zwei Hufabdrücke in der Burgmauer am Fünfeckigen Turm von dieser Legende.

Noch mehr solcher Geschichten verbergen sich nicht weit von dieser Stelle, im Turm der Vestnertormauer. Dort entführt die Gruppe »Märchen im Turm« immer am letzten Donnerstag im Monat kleine und große Zuhörer in fremde, magische und abenteuerliche Welten. Traditionelle Märchen der Brüder Grimm oder aus *Tausendundeiner Nacht* stehen ebenso auf dem Programm wie fränkische, jüdische, russische oder japanische Sagen. Seit Januar 2012 kann man den Erzählerinnen und Erzählern um die ausgebildete Märchentante Reingard Fuchs in dem Bauwerk lauschen; die Gruppe selbst gibt es bereits seit Mai 2009.

Dem Charme des bulligen Sandsteinbaus erlag zuvor schon die Nürnberger Burschenschaft »Pythagoras«. Im Dezember 1980 weihte die Studentenvereinigung den Turm »Schwarzes B«, den sie selbst restauriert hatten, als Bundesheim ein. Zum Glück, denn seine lange Geschichte wäre sonst wohl in Vergessenheit geraten, nachdem ihn die Alliierten 1945 fast komplett zerbombt hatten. Zwischen 1450 und 1460 wurde das Bauwerk errichtet, einst ging es schwindelerregende neun Stockwerke in den Burggraben hinunter. Der Turm diente als Waffen- und Munitionslager sowie als Mannschaftsunterkunft. Und bis 1903 war hier die Feuerwache 1 untergebracht.

Heute prangt das rot-gold-blaue Wappen der »Pythagoras« neben der Tür. Und wenn der Turm nicht gerade ins Reich der Märchen und Sagen eintaucht, verbringen die Mitglieder der Burschenschaft im Innenhof ein paar lauschige Stunden und erzählen sich die eine oder andere Geschichte.

Reingard Fuchs entführt ihre Zuhörer im Übrigen nicht nur im übertragenen Sinne an andere Orte. Im Rahmen der Märchenspaziergänge dienen der Schmausenbuck am Tiergarten (siehe Seite 130) und die Nürnberger Burggärten als Kulisse. Extratouren, unter anderem in die Pegnitzauen (siehe Seite 126) oder den Luitpoldhain (siehe Seite 90), stehen ebenfalls auf dem Programm. *SW*

Die Erzählergruppe um Reingard Fuchs (rechts im Bild) haucht alten Märchen neues Leben ein.

Theater Pfütze, Äußerer Laufer Platz 22, 90403 Nürnberg, Tel. 0911-28 99 09. Aktueller Spielplan auf der Website www.theater-pfuetze.de

Die Pfütze
Ein Theater, das Generationen verbindet

Warum heißt das Theater in den Sebalder Höfen eigentlich Pfütze? »Weil Kinder Pfützen lieben. Und weil sich in einer Pfütze die ganze Welt spiegelt«, antwortet Jürgen Decke, einer der künstlerischen Leiter, und lächelt. Früher in Gostenhof (siehe Seite 84) angesiedelt, ist dem engagierten Ensemble 2007 mithilfe verschiedener Förderer der Umzug an den Rathenauplatz in einen neuen Theaterbau gelungen. 220 Stühle fasst der Zuschauerraum, auf denen bei Weitem nicht nur Kinder Platz nehmen. Die Gratwanderung, anspruchsvolles Theater für Kinder wie auch für Erwachsene zu machen, ist den Schauspielern, Regisseuren und Theaterpädagogen der Pfütze stets ein Anliegen und erhält dem Theater seit Jahrzehnten einen treuen Stamm von jungem und altem Publikum. Ob es sich um Dramatisierungen bekannter Kinderbücher wie *Ronja Räubertochter* handelt oder ob eine Kinderoper für alle Altersgruppen entstehen soll – im Theater Pfütze arbeitet, forscht und experimentiert ein Team mit Liebe fürs Detail und mit einem erfahrenen Blick für kindliche Welten. Seit Gründung der »jungeMET« 2012 ist das Theater Pfütze ein Zweispartenhaus. Mit Produktionen wie zum Beispiel *Der beste Koch der Welt* soll Kindern und Jugendlichen zeitgenössisches Musiktheater nahegebracht werden. Bei diesem Stück von Paul Maar und Martin Zels steht mit den Nürnberger Symphonikern als Kooperationspartner ein ganzes Orchester auf der Bühne, während ein Koch und sein verträumter Lehrling versuchen, ein ganz besonderes Gericht zu kreieren – mit musikalischen Zutaten.

Die Pfütze ist mittlerweile den meisten Nürnbergern ein Begriff. Dies liegt nicht zuletzt an der bewegten Geschichte, die das freie Theater hinter sich hat. Seine Wurzeln reichen bis in die Achtzigerjahre zurück. 1986 tat sich ein Haufen begeisterter, theaterverliebter Studenten zusammen. Sie probten Tag und Nacht, dehnten ihre Studienzeit auf Jahre aus – das ging damals noch –, bastelten bombastische Bühnenbilder, spielten jedes Instrument, das sie beherrschten, sangen ... und eroberten mit ihren fantasievollen, musikalischen und anspruchsvollen Stücken die Herzen der Region im Sturm. Heute spürt man in dem Betrieb immer noch die Herzlichkeit und Verbundenheit von damals. In Kooperationen mit dem Staatstheater Nürnberg und dem Stadttheater Fürth zeigt die Pfütze ein reichhaltiges Repertoire für jede Altersgruppe, darunter Kinderopern, ausgezeichnete Stücke wie *Das Kind der Seehundfrau* und beliebte Klassiker wie *Krabat. HA*

»Kraaabat!«, krächzen die sieben Raben vom Dach des 2007 eröffneten Neubaus des Theater Pfütze.

Nürnberger Marionettentheater im Apollo-Tempel,
Cramer-Klett-Park, Äußere Cramer-Klett-Straße,
90489 Nürnberg, Tel. 0173-4 31 55 86,
www.nuernberger-marionettentheater.de

Der Gong ertönt, das Licht erlischt und der Vorhang öffnet sich. Eine hölzerne handgeschnitzte Puppe schwebt wie von Geisterhand auf die Bühne. Das Marionettentheater kann beginnen …

Angefangen hat alles 1947, als Kurt Tomaschek mit seiner Familie aus dem Sudetenland nach Amberg umsiedelte. Ohne feste Arbeit fing er an, aus Tischbeinen Puppenköpfe zu schnitzen, und bald schon führte er sein erstes Marionettenstück *Hänsel und Gretel* auf. Als die Familie sich 1960 in Nürnberg niederließ, fand Kurt Tomaschek eine Anstellung bei der Stadt im Tiefbauamt. In seiner Freizeit widmete er sich aber weiter seinen hölzernen Figuren und kreierte neue Stücke. Mit einer Jugendgruppe spielte er zunächst im Falkenturm, 1963 wurde dann der Apollo-Tempel im Cramer-Klett-Park das perfekte Domizil für das Theater.

Auch die Familienmitglieder wurden in das Puppenspiel mit einbezogen. So nähte Ehefrau Grete die Kostüme und selbst die Enkelkinder unterstützten den Opa bei der Erstellung neuer Marionetten. Vier Spielgruppen mit 20 bis 30 Spielern kümmern sich mittlerweile um die Aufführungen. Von den ehemaligen Marionettenspielern sind die ersten inzwischen in Rente, andere haben sich ihr eigenes Theater aufgebaut. Da die Enkel selber keine Marionetten schnitzen, muss der Bestand gut gepflegt werden.

Einen herben Rückschlag erlitt der Familienbetrieb, als am Ostersonntag im Jahr 2000 bei einem Brandanschlag 50 von mittlerweile 300 Marionetten verbrannten sowie wertvolle Kulissen zerstört wurden. Erst drei Jahre später, nach grundlegender Sanierung, konnte das Marionettentheater seine Puppenspiele fortführen. Gespielt werden vor allem Märchen von Grimm und Hauff, so gehört *Schneewittchen* zu den beliebtesten Stücken im Apollo-Tempel.

Den Figuren über das Spielkreuz und die langen Fäden Leben einzuhauchen ist übrigens eine Kunst für sich. Viel Einfühlungsvermögen und eine perfekte Technik sind gefragt, damit das tapfere Schneiderlein oder der gestiefelte Kater gekonnt über die Bühne spazieren, den Zuschauern zuwinken oder sich grazil verbeugen. Ihre Stimmen müssen die Puppenspieler den Märchenfiguren allerdings nicht leihen. Die Texte kommen vom Band und wurden teilweise noch von Kurt und Grete Tomaschek persönlich gesprochen. So lebt ein Teil der Gründer bis heute in dem kleinen Marionettentheater weiter. *SS*

Die Marionetten der Familie Tomaschek entstanden allesamt in liebevoller Handarbeit.

»GoHo« – so nennen die Nürnberger ihren durch Gentrifizierung in Veränderung begriffenen Stadtteil Gostenhof. Während die einen nachts um die Häuser ziehen und mit Graffiti bezahlbaren Wohnraum fordern, eröffnen die anderen kleine Geschäfte, Ateliers oder Bühnen. Wer heute durch das Viertel schlendert, kann zwischen den schmucklosen Fassaden handgemalte Schilder entdecken, die in ein Kunstcafé oder Theater locken. Seit 1979 spielt das Gostner Hoftheater auf, das Theater Rootslöffel für Kinder ist nur zehn Jahre jünger. Ein besonderes Showerlebnis bietet die »Wundermanufaktur«, die ehemalige Probebühne des Magiers Stephan Kirschbaum. Auf Handgemachtes, Kreatives und Ökologisches wird in Gostenhof viel Wert gelegt. Das erlebt der Besucher in Geschäften wie der »Gostenhofer Buchhandlung«, in der Bibliophile wahre Kostbarkeiten erstehen können, oder in den kleinen Fahrradläden und -manufakturen wie der »Pedalkraft« – dort schrauben und konstruieren Liebhaber, entwerfen neue Räder aus alten und bieten Service und Qualität.

Der Gostenhofner lebt nicht mehr unbedingt in Nürnberg, denn das Viertel zu verlassen ist selten nötig, es scheint hier alles zu geben, außer einem Badesee und eigener Währung – wobei es zur Einführung Letzterer sicherlich genug Verfechter gäbe. Cafés wie der *Salon Regina* mit seinen bedruckten Tapeten, Kneipen wie die rustikale *Schanzenbräu Schankwirtschaft* mit blanken Holzbänken, Klassiker wie das *Balazzo Brozzi* oder *Palais Schaumburg* mit feiner Tageskarte bieten vielfältige Ausgehmöglichkeiten.

Auch der Orient-Express hält seit einigen Jahren in Gostenhof, oder vielleicht wurde einfach einer seiner Waggons abgekoppelt und in der Kernstraße vergessen: Im urig-nostalgischen Ambiente des *Orient-Restaurants Der Express* genießt man arabische und libanesische Spezialitäten. Kurz gesagt: Dort gibt es »dem Nembercher sei bäsde Fallaffl!«

Wenn die Nacht kommt, erweckt sie Musik und Tanz zum Leben: In der »MUZ«, der Musikzentrale, steht von regionalen bis zu internationalen Künstlern alles auf der Bühne, was Klang erzeugt, Rang und Namen oder seine eigene ganz spezielle Fangemeinde hat. Und schleicht, torkelt, tanzt oder spaziert man dann noch vor Sonnenaufgang nach Hause, bekommt man in der Bäckerei Gabsteiger auch schon lange vor Morgengrauen sein erstes Brötchen und einen heißen Kaffee. *HA*

Der Nürnberger Szenebezirk Gostenhof hat zahlreiche Facetten.

Gostner Hoftheater, Austraße 70, 90429 Nürnberg,
Tel. 0911-26 15 10 und 0911-26 63 83, www.gostner.de

Theater Rootslöffel, Troststraße 6, 90429 Nürnberg,
Tel. 0911-28 90 52, www.rootsloeffel.de

Wundermanufaktur, Fürther Straße 22, 90429 Nürnberg,
Tel. 0911-3 66 94 21, www.wundermanufaktur.de

Gostenhofer Buchhandlung, Eberhardshofstraße 17,
90429 Nürnberg, Tel. 0911-28 67 39,
www.gostenhofer-buchhandlung.de, Öffnungszeiten
Mo–Fr 9.00–18.00, Sa 9.00–13.00 Uhr.

Pedalkraft, Kleinweidenmühle 8, 90419 Nürnberg,
Tel. 0911-1 32 16 61, www.pedalkraft.net, Öffnungszeiten
Di–Fr 13.00–19.00, Sa 10.00–15.00 Uhr.

Salon Regina, Fürther Straße 64, 90429 Nürnberg,
Tel. 0911-9 29 17 99, www.salonregina.de, Öffnungszeiten
Mo–Do 10.00–24.00, Fr–Sa 10.00–1.00, So 10.00–22.00 Uhr.

Schanzenbräu Schankwirtschaft, Adam-Klein-Straße 27, 90429
Nürnberg, Tel. 0911-93 77 67 90, www.schanzenbraeu.de,
Öffnungszeiten tägl. 11.00–1.00 Uhr, im Sommer Biergarten
(bei schönem Wetter, mit Selbstbedienung) 18.00–23.00 Uhr.

Balazzo Brozzi, Hochstraße 2, 90429 Nürnberg,
Tel. 0911-28 84 82, www.balazzobrozzi.de, Öffnungszeiten
Mo–Fr 9.00–23.00, Sa–So 9.00–21.00 Uhr. Am ersten Mo
im Monat geschlossen.

Palais Schaumburg, Kernstraße 46, 90429 Nürnberg,
Tel. 0911-26 00 43, www.palaisschaumburg.de,
Öffnungszeiten So–Fr 11.30–1.00, Sa 14.00–1.00 Uhr.

Orient-Restaurant Der Express, Kernstraße 5, 90429 Nürnberg,
Tel. 0911-2 87 55 65. Öffnungszeiten Di–Sa 17.00–24.00 Uhr.

MUZ – Musikzentrale, Fürther Straße 63, 90429 Nürnberg,
Tel. 0911-26 66 22 (Bürozeiten Mo, Mi, Fr 12.00–18.00 Uhr),
www.musikzentrale.com

Bäckerei Gabsteiger, Kernstraße 7, 90429 Nürnberg,
Tel. 0911-26 72 71. Öffnungszeiten Mo–Fr 5.30–18.00,
Sa 5.30–14.00, So 5.30–16.00 Uhr. Bei offener Tür ab
3.00 Uhr »Straßenverkauf«.

Weitere Tipps auf der Website www.in-goho.de

ⓘ Casablanca Filmkunsttheater, Brosamerstraße 12,
90459 Nürnberg, Tel. 0911-45 48 24 (Kasse),
www.casablanca-nuernberg.de,
Öffnungszeiten Mo–Do 18.00–24.00,
Fr–Sa 18.00–1.00, So 15.00–24.00 Uhr.
Casablanca Kneipe Mo–Do 17.30–24.00,
Fr–Sa 17.30–1.00, So 15.30–24.00 Uhr.

Crêperie Yechet Mad, Brosamerstraße 12,
90459 Nürnberg, Tel. 0911-44 39 47,
www.creperie-nuernberg.de,
Öffnungszeiten Di–Do 17.00–23.00,
Fr–Sa 17.00–24.00, So 17.00–23.00 Uhr.

An dieser Fassade, die 1985 von der Münchner Künstlerin Helma Lichtinger in wochenlanger Handarbeit gestaltet und 2011 noch einmal revitalisiert wurde, geht man nicht einfach vorbei: Unter einer Palme flirtet Humphrey Bogart mit Ingrid Bergmann, Marilyn Monroe sitzt lächelnd auf dem Geländer und der leuchtende Schriftzug »Casablanca« über dem Eingang weist in ein Kino, das nicht nur Geschichten erzählt, sondern auch eine ganz eigene besitzt.

Dem Engagement der Nürnberger ist es zu verdanken, dass »ihr Casablanca« heute noch als eine Spielstätte existiert, die echtes Programmkino bietet. Aktuelle Filme von der Berlinale oder den Hofer Filmtagen laufen in den drei Kinosälen ebenso wie gängigere Formate. Hier kann man Filmemachern die Hand schütteln oder mit jungen Regisseuren über ihre neuesten Werke diskutieren. Einmal im Monat wird die Leinwand aufgerollt und enthüllt eine Bühne, von der man noch das Flüstern wilderer Zeiten vernehmen kann: Als hier in den ehemaligen Druckereigebäuden nämlich noch das legendäre TAK – das Theater am Kopernikusplatz – vom Nürnberger Künstler Horst W. Blome geleitet wurde. Heute hört man Folk, Songwriter, Pop oder mitunter Bands der besonderen Art wie zum Beispiel die Chaotic Strings, die »Begründer des fränkischen Dadaismus«, die durchaus auch mal in Frauenkleidern auftreten oder in typisch fränkischer Lässigkeit Mundschlagzeug spielen – nichts für popverwöhnte Ohren, aber auf jeden Fall eine spannende Erfahrung.

Wer vor dem zeitgenössischen Kino die Augen verschließt, kann ja das »Kino für die Ohren« ausprobieren, ein Angebot für Blinde und Sehbehinderte – nur eines von vielen Specials der Betreiber. Wer aber einfach nur einen angenehmen Kinoabend genießen will, ist hier auch genau richtig. Nach dem Film kann man noch im Café an der eleganten Jugendstil-Theke einen Plausch halten, im Sommer lädt die überdachte Terrasse zum Platznehmen ein. Oder man stillt seine Neugier und seinen Hunger in der angrenzenden *Crêperie Yechet Mad* und lässt sich überraschen, was die Bretagne so an »haute cuisine« in die Nürnberger Südstadt zaubert.

Das Casablanca ist ein Ort, den man gern wieder besucht, und wer beim Nachhausegehen genau hinhört, kann am Eingang die leisen Worte vernehmen: »Das ist der Beginn einer wunderbaren Freundschaft.« Man blickt sich irritiert um, aber Humphrey Bogart hat nichts gesagt. Er flirtet immer noch mit Ingrid Bergmann. Zeitloses Kino. *HA*

Das Casablanca Filmkunsttheater hält die Anfänge der Lichtspielhäuser in Ehren.

Klassik Open Air, im Luitpoldhain, 90478 Nürnberg,
Tel. 0911-2 31 20 00 (Kulturreferat Projektbüro),
www.klassikopenair.de

Ein Konzerterlebnis draußen, umsonst und für alle

Im Sommer zieht ein außergewöhnliches Event Tausende Menschen in den Luitpoldhain: dann laden die großen Nürnberger Orchester, Staatsphilharmonie und Symphoniker, zu einem Konzert unter freiem Himmel ein. Aber ist Klassik nicht die »ernste Musik«? Passen klassisches Konzert und Picknick-Vergnügen zusammen? Ja! Und die Verbindung hat offensichtlich einzigartige Anziehungskraft. Das »Klassik Open Air beim Picknick im Park« ist das größte klassische Freiluftkonzert Europas. Es verbindet sommerliche Ausflugs-Atmosphäre mit musikalischer Qualität. Schon Stunden vor Konzertbeginn strömen die Menschen in den Park, um sich den besten Platz zu sichern. Dank freien Eintritts und ungezwungenen Ambientes verliert das klassische Konzert seinen elitären Charakter und schafft es, ein breites Publikum zu begeistern.

Mit weitläufigen Wiesen, Hängen und alten Bäumen erstreckt sich der Luitpoldhain im Südosten Nürnbergs. Der nach Prinzregent Luitpold benannte Park wurde 1906 für die Bayerische Landesgewerbeausstellung angelegt und beheimatete zwischenzeitlich über 800 Tiere des Nürnberger Tiergartens (siehe Seite 130). Leider wurde die Grünanlage über Jahrzehnte hinweg von ihrer näheren Vergangenheit überschattet, in der das Gelände von den Nationalsozialisten zur Luitpoldarena umgebaut und als Aufmarschfläche genutzt wurde. Danach erschien dieser Ort lange für Massenveranstaltungen unpassend. Erst im Jahr 2000, anlässlich des 950. Geburtstags der Stadt Nürnberg, konnte sich der Luitpoldhain mit dem ersten Klassik Open Air von diesem Odeur befreien. Seitdem lassen sich hier jeden Sommer an zwei Wochenenden im Juli und August über 100 000 Menschen von der Musik verzaubern.

Auch für die Musiker ist dieses letzte Konzert der Spielzeit ein besonderes Erlebnis, denn hier liegt eine Euphorie in der Luft, wie sie in keinen Orchestergraben dringt. Besonders freut man sich über die vielen jungen Besucher. Dieses Event soll das Vorurteil widerlegen, Klassik sei nur für eine elitäre Bildungsschicht reizvoll. Die ausgewählten Stücke sind im wahrsten Sinne des Wortes Klassiker; bei Smetanas *Moldau*, Ravels *Bolero* und Offenbachs *Cancan* muss man kein Opern-Experte sein, um die Melodien mitzusummen. Mit einem Feuerwerk zur Musik der Staatsphilharmonie klingt der erste der beiden Konzertabende alljährlich aus. *AK*

Das Nürnberger Klassik Open Air gilt als größte Veranstaltung dieses Formats in Europa.

ⓘ Auf AEG, Komplex zwischen Fürther Straße 244–254 und Muggenhofer Straße 132/135, 90429 Nürnberg, Tel. 0911-3 26 09 00, www.aufaeg.de

Zentrifuge, Muggenhofer Straße 141/Halle 14, 90429 Nürnberg, Tel. 0911-1 32 51 33, www.zentrifuge-nuernberg.de

Café Pforte, Muggenhofer Straße 137/Halle 6, 90429 Nürnberg, Tel. 0911-3 47 91 08. Öffnungszeiten Mo–Mi 9.30–19.00, Do–Fr 9.30–23.00 Uhr, Sa »ab und an«.

Rösttrommel Rösterei Auf AEG, Fürther Straße 244c/Halle 5, 90429 Nürnberg, Tel. 0911-32 15 99 64 (Büro), www.roesttrommel.de, Öffnungszeiten Mo–Fr 10.00–18.00 Uhr.

»Auf AEG« treffen Künstler, Innovationen und Wirtschaft aufeinander

Die Idee ist so schlicht wie erfolgreich: Wo Kunst ist, da ist auch Leben. Wo innovative Ideen und neue Konzepte blühen, da ist auch die Wirtschaft am richtigen Platz. Das hat die MIB Fünfte Investitionsgesellschaft mbH erkannt und »Auf AEG«, das frühere Werksgelände von AEG und später Electrolux, zu einem pulsierenden Standort entwickelt.

Das schlagende Herz ist die Zentrifuge. In der früheren Industriehalle finden Theatervorführungen, Ausstellungen, Workshops und Performances wie die »Induktive Kopplung – eine interaktive Elektro-Installation« oder Konzerte sowie die WortGastSpiele statt. Ein weiteres Beispiel für die Expansionspläne auf dem Gelände: Bis 2015 soll die »Kulturwerkstatt Auf AEG« fertig sein, ein soziokulturelles Zentrum unter städtischer Regie.

Und drumherum? Sitzt die Deutschlandzentrale von Electrolux, Siemens baut Transformatoren, und auch der Energie Campus Nürnberg hat sein Domizil bezogen. Es gibt ein Fotoatelier, handgemachte Edeltreter werden verkauft, und in den Büros empfangen Rechtsanwälte ihre Mandanten. Ein Arbeitsmediziner ist ansässig, Logistikunternehmen und Restaurants. Und natürlich Meister Robrock, in dessen Metallbauerwerkstatt die »Comedy Lounge« unter Leitung des – damals noch eher unbekannten – Fürther Kabarettisten Matthias Egersdörfer ihre ersten Gehversuche unternahm.

Das Nebeneinander von Arbeit, Alltag und Kunst ist gewollt. Das erfolgreiche Konzept von Immobilien-Entwickler Bertram Schultze lockt mit günstigen Mieten. Bald 90 Künstler und Kulturschaffende haben ihre Ateliers »Auf AEG« – wie der Maler Fred Ziegler oder Bildhauer Christian Rösner, dessen nackter »Lauernder« ganz Zirndorf aufbrachte und der Asyl »Auf AEG« gefunden hat. Gar nicht weit entfernt von der *Pforte* übrigens, dem ehemaligen Pförtnerhäuschen. Klein, aber fein und im Sommer mit Biergarten ist das Café zum Treffpunkt und zur Nachrichtenzentrale für das riesige Gelände geworden. Außerdem hält die *Rösttrommel Kaffeerösterei* ansässige wie angereiste Kaffeeliebhaber mit ihren Bohnen-Spezialitäten wach.

Wie gut der »kunstwilde Westen« ankommt, erleben die Macher beim alljährlichen Aktionstag »Offen Auf AEG«. Mittlerweile über 15 000 Besucher stürmen dann die Ateliers und Ausstellungen. Aber natürlich darf man auch sonst an allen Tagen hier vorbeischauen. *GP*

Früher wurden hier Haushaltsgeräte produziert, heute ist das AEG-Gelände ein Hort der Künstler.

Kulturladen Schloss Almoshof, Almoshofer
Hauptstraße 49–53, 90427 Nürnberg,
Tel. 0911-93 44 94 70 (Bürozeiten Mo, Do–Fr 9.00–12.00,
Di 14.00–16.30 Uhr), www.kuf-kultur.de/almoshof,
Ausstellungszeiten Mo–Fr 10.00–12.00, 14.00–16.30,
So (inkl. *Kunstcafé*) 14.00–18.00 Uhr.

Ein wenig Ortskenntnis im Nürnberger Norden ist von Vorteil, wenn man das Patrizierschlösschen aus dem Jahre 1517 entdecken will. Das barocke Sandsteingemäuer fügt sich harmonisch ins Bild der Knoblauchsland-Äcker und -Felder südlich des Flughafens. Der ehemalige Herrensitz der Familie Holzschuher, deren Wappen den Türsturz am Eingangstor ziert, blickt auf eine bewegte Geschichte zurück: Im Markgrafenkrieg (1552/53) brannte das Anwesen komplett aus – erst 1962 wurde es in seiner heutigen Form wiederhergestellt. Im Zweiten Weltkrieg veräußerte die Familie das Schloss an die Stadt Nürnberg. Von Kriegsende bis in die frühen Sechzigerjahre diente es als Notunterkunft. 1976 gründete sich der Verein »Begegnungsstätte Almoshof e. V.« mit dem Ziel, das Schloss peu à peu zu renovieren und ein abwechslungsreiches Freizeit- und Kulturprogramm zu schaffen. Mitte der Achtziger wurde das Schloss Teil der städtischen Kulturladenkette.

Wer die Suche nach dem Schlösschen auf sich nimmt, wird belohnt: mit einem breiten Kulturangebot in historischem Ambiente. Im Hauptgebäude sind ganzjährig Ausstellungen mit zeitgenössischer, aber auch zeitkritischer Kunst zu sehen. Das *Kunstcafé* bietet selbst gebackene Kuchen wie von Oma und Back-Experimente in ungewohnten Geschmackskompositionen und mit kunstvoll verziertem Äußeren. Zur Biergartensaison sorgt der Schlossverein mit live Folk-Rock und Brotzeit für zünftige Atmosphäre – aufgetischt werden dabei Nürnberger Grillspezialitäten, selbst gemachte Salate und fränkisches Bier (alle zwei Wochen mittwochs, im Schlossgarten).

Besonders sehenswert ist die aus einem Baumstamm gefertigte Wendeltreppe in den ersten Stock. Dort im Flügelsaal finden klassische Konzerte und Lesungen statt. Zur Winterzeit präsentieren renommierte Erzähler aus ganz Deutschland einmal im Monat Märchen für Erwachsene, außerdem gibt es Mal- und Yogakurse, ein wechselndes Kreativprogramm für Kinder sowie Filmabende und Diavorträge. Die Scheunen bieten wetterunabhängigen Raum für den jährlichen Kunstmarkt und den Weihnachtsmarkt, dem auch das Nürnberger Christkind gern einen Besuch abstattet. Am ersten Sonntag in den Sommermonaten darf im Schlosshof nach Herzenslust getrödelt werden. Zum Kunstsymposion im August wird das Anwesen für zwei Wochen zu einem riesigen Künstleratelier. Hier kann man den Malern, Keramikern und Grafikern bei der Arbeit über die Schulter schauen. Ein inspirierendes Erlebnis! *AS*

Inmitten des Knoblauchslands, unwelt vom Nürnberger Flughafen, liegt Schloss Almoshof.

Di Simo – Caffè e Vini, Trödelmarkt 5–7, 90403 Nürnberg, Tel. 0172-8 25 51 52, www.di-simo.de, Öffnungszeiten Mo–Sa 8.00–20.00 Uhr.

ARAUCO – Schmuck-Kunst-Wein, Trödelmarkt 13, 90403 Nürnberg, Tel. 0911-2 44 82 57, www.arauco.de, Öffnungszeiten Mo–Mi 11.00–13.00 und 14.00–18.00, Do–Fr bis 19.00, Sa 11.00–16.00 Uhr.

Weitere Informationen auf der Website www.nuernberg-troedelmarkt.de

Der Trödelmarkt
Bummeln und Caffè trinken wie in Venedig

Trödelmarkt – das klingt nach edlen Antiquitäten und Ramsch in Kisten, nach Stöbern und Feilschen in verwinkelten Hinterhöfen (siehe Seite 144). Zugegeben: Jäger und Sammler werden auf dem Nürnberger Trödelmarkt wohl eher enttäuscht, denn auf der kleinen Insel zwischen zwei Pegnitz-Armen im Herzen der Altstadt werden längst nicht mehr »sehr gute alte Waare, Meublen, Küchenzeug, Uhren, Lampen, Betten, Pokale, Luxusartikel und Gegenstände des alltäglichen Gebrauchs; Koffer und Kassen, Gemälde, Kupferstiche, Bücher in kunterbunter Parade« feilgeboten, wie es 1842 der fränkische Schriftsteller Friedrich Mayer schilderte.

Aber auch ohne Tand zählt der Platz zu den schönsten Orten der Stadt, fernab der Passantenströme. Statt großer Handelsketten findet sich zwischen Schleifersteg und Henkerhaus (siehe Seite 20) eine charmante Mischung aus kleinen Läden und lauschigen Bistros mit Blick auf die Pegnitz, wie zum Beispiel *Di Simo*, ein gemütliches italienisches Café. Hier genießen die Gäste ihren Espresso gerne auch im Stehen auf der Karlsbrücke nebenan – wo auch die Nürnberger Schickeria ihren Prosecco schlürft, sobald sich die ersten Sonnenstrahlen zeigen.

Einmal im Jahr geht es auf dem Platz – nicht nur der Redewendung nach – um die Wurst: beim »Nürnberger Bratwurstdorf« wird die lokale Spezialität aus Schweinefleisch gefeiert. Durchaus passend, schließlich wurde hier im Mittelalter mit Schweinen gehandelt. Daher trug die Insel damals auch noch den Namen Säumarkt. Hier stand das Fleischhaus, die »Kleine Schlachtbank«, das zwischen 1895 und 1897 einer Markthalle weichen musste. Den Schweinen folgten im 16. Jahrhundert Alt- und Gebrauchtwaren. Doch erst seit 1909/10 trägt der Trödelmarkt seinen heutigen Namen.

Die Markthalle wie auch die schmalen Häuserzeilen mit ihren vorgelagerten Verkaufsbuden überlebten die verheerenden Luftangriffe von 1945 leider nicht. Nach dem Zweiten Weltkrieg versuchte man, dieses Idyll architektonisch nachzuempfinden. Ein besonderes Flair verleiht das jährliche Bardentreffen (siehe Seite 70). Wer will, lauscht einfach nur den Klängen von der »Liebesinsel« aus, dem östlichen Zipfel des Trödelmarkts, wo im Sommer venezianische Gondeln ankern und Liebespaare ihre Füße baumeln lassen. Oder man tut es der Bronzeskulptur des Künstlers Waldemar Grzimek gleich und tanzt wie das junge Bauernpaar auf dem Trödelmarkt. *SW*

Um den Trödelmarkt im Herzen der gleichnamigen Pegnitzinsel reihen sich kleine Geschäfte und Cafés.

La Violetta – Caffè e Tè, Obere Wörthstraße 10,
90403 Nürnberg, Tel. 0911-23 55 55 99,
www.la-violetta.de, Öffnungszeiten
Mo–Fr 8.00–20.00, Sa 8.00–18.00 Uhr.

Es ist schon ein Balanceakt. Das Serviertablett mit Cappuccino und Wasserglas in der einen Hand, den Schokokuchen mit Himbeeren in der anderen. Und dann 18 steile Stufen die schmale Treppe hinauf. Hoffentlich kommt einem da jetzt niemand entgegen!

Muss das sein? Diese Plackerei für ein halbes oder ganzes Stündchen im *La Violetta* … Ja, das muss sein. Oder kennen Sie etwa ein Paradies, in das man ohne Mühen gelangt? Oben angekommen, lassen Genießer den Alltag und die Sorgen abfallen. Paare versinken erst in dicken Ledersofas und später in den Augen des geliebten Gegenübers. Geschäftsmänner und Businesswomen besteigen die Barhocker am Fenster und klappen ihr Laptop auf, Freundinnen räumen nonchalant die Taschen der Sitznachbarn beiseite. Ja, mancher Platz unter der dunklen Holzbalkendecke ist hart erkämpft.

Dies konnte keiner ahnen, als das *La Violetta* im Jahr 2003 eröffnete. Zuvor hatte ein Reitsportgeschäft im historischen Haus an der Oberen Wörthstraße am Rande der Nürnberger Innenstadt, unweit vom »Trödelmarkt« (siehe Seite 96) residiert, davor ein Modeatelier und wer weiß was noch. Den neuen Pächtern, Melanie und Steffen Stummhöfer, schwebte eine Kombination von Café mit französischem Charme und Blumenbinderei vor. Die Blumen finden sich immer noch in geschmackvollen Arrangements auf den Tischen, im Advent werden auch Kränze handgebunden.

Vor allem aber kann man sich im *La Violetta* für einige Stunden aus der Zeit katapultieren. Das entdecken immer mehr Gäste. Die Schönen und Eleganten ebenso wie losgelassene Studenten und junge Mütter. Und natürlich alle, die süchtig sind nach Mohn-Marzipan-Torte, Schokokuchen und Aprikosentarte, und jene, die den kunstvoll belegten Broten verfallen sind.

Der erste Stock versetzt sie in die Stimmung der Gemälde niederländischer Meister, wenn zwischen dunklen Möbeln und goldglänzenden Tapeten eine Inderin gedankenverloren Honig in ihren Tee tropfen lässt und Kerzen sich in silbernen Löffeln und Gabeln spiegeln, die an einem ungewöhnlichen Leuchter schaukeln. Wenn dann noch Schneeflocken am Fenster vorbeitreiben und samtiger Barjazz die Ohren umspielt – dann könnte die Welt draußen ruhig untergehen. Und das *La Violetta* würde weiterschweben, losgelöst von Zeit und Stadt. *GP*

Abseits der Nürnberger Shoppingmeile lädt das *La Violetta* zum Seele-Baumeln-Lassen ein.

Café d'Azur, Burgstraße 11, 90403 Nürnberg, Tel. 0911-2 35 53 55, www.cafe-d-azur.de, Öffnungszeiten Di–Mi 10.00–18.00, Do–Fr 10.00–22.00, Sa 10.00–18.00 Uhr.

Insel für Frankophile und Feinschmecker

Eine Besichtigung der Nürnberger Kaiserburg macht durchaus Eindruck. Wer sich aber nach all dem mittelalterlichen Prunk ein wenig leichteren Flair herbeisehnt, wer vielleicht auch einen Happen essen möchte, nachdem er den Burgberg mühsam erstiegen hat, dem sei das *Café d'Azur* empfohlen. Das Sandsteinhaus, in dem sich das Feinschmeckerlokal versteckt, mutet mit seinem hölzernen Chörlein rein äußerlich noch recht reichsstädtisch an – doch der Gastraum entführt den Besucher direkt in die Provence.

Die Besitzerin des Cafés ist zwar Deutsche, aber die Liebe zu Frankreich spricht hier aus jedem verspielten Detail. Das *Café d'Azur* ist eine kleine mediterrane Insel – mitten in der Altstadt. An ihren Küsten strandet reichlich Treibgut aus wärmeren Regionen und findet seinen Platz in den blauen Holzregalen: Pastis, provenzalische Weine, Gebäck und Eingemachtes erwecken den Eindruck, man sei in einem Kolonialwarenladen aus einer versunkenen Vergangenheit. Die Polster an der Wand sind passend dazu umgeschneiderte Pfeffersäcke mit der Aufschrift »Poivre noir«, die an weite Reisen in den Bäuchen großer Handelsschiffe erinnern. Daran angelehnt findet man Ruhe bei ausgezeichnetem Essen.

Für den leeren Magen empfiehlt sich die herzhafte Tages-Tarte, serviert mit reichlich buntem Salat. Dazu erhält man Cappuccino ebenso wie die importierte Granatapfellimonade im schlanken Glas. Galettes – zum Beispiel mit Orange, Avocado und Ziegenkäse gefüllt – und andere französische Köstlichkeiten locken in den Auslagen hinter der Theke und auf der Speisekarte. Eine große Tafel an der Tür – dem mediterran-maritimen Gesamtkonzept entsprechend natürlich in tiefem Meeresblau gehalten – informiert über das Abendmenü. Im Sommer gibt es außerdem Eis aus eigener Herstellung, wie den Coupe »d'Azur«: Vanille- und Zitroneneis, garniert mit einer Sahnehaube und einem Schuss Blue Curaçao.

Für die leere Einkaufstasche gibt es die Provence auch zum Mitnehmen: eingekocht, eingepackt, getrocknet oder in Flaschen abgefüllt. Manches kleine Geschenk aus der bunten Vielfalt der Textil- und Töpferwaren sucht ebenfalls seinen neuen Besitzer. Türkischer Honig, Mandelgebäck und Akkordeonklänge beflügeln die Fantasie, und wenn die Bedienung lächelnd fragt, ob man noch etwas bestellen möchte, kann es sein, dass man aus angenehmen südwärts gerichteten Träumen aufschreckt, und nicht gleich eine Antwort weiß. *HA*

Das *Café d'Azur* bietet ein Stück provenzalische Lebensart – gerne auch zum Mitnehmen.

Trommelwirbel, Bayreuther Straße 21, 90409 Nürnberg, Tel. 0911-3 76 93 47, www.trommelwirbel.de, Öffnungszeiten Mo–Mi 10.00–20.00, Do 10.00–22.00, Fr–Sa 8.00–20.00 Uhr.

Der Fleck muss weg! Im *Trommelwirbel* lässt sich das Nützliche mit dem Angenehmen verbinden: Während schmutzige Jeans, Bettwäsche und die roten T-Shirts schleudern, versorgen Nele Gilch und Petra Schinz die Kundschaft mit Kaffee und Kuchen, und schicken sie auf einen Trip in die Vergangenheit.

Der wunderbare Waschsalon und das Café in Stadtparknähe sind ganz im Stil der Siebzigerjahre eingerichtet. Großgemusterte Tapeten in Orange und Braun, Prilblumen und Flokati – alles findet sich hier. Im Hintergrund dudeln Abba, Pink Floyd und Hot Chocolate, auf der Speisekarte steht Toast Hawaii.

Wie das kommt? Die Gründerinnen – Jahrgang 63 und 68 – haben sich an ihre Kindheit und Jugend erinnert, Schränke und Keller geplündert, und alles zusammen mit vielen Ideen in den *Trommelwirbel* geworfen. Der Name ist Programm: Waschtechnik und Kultur fließen in eins. Zum leisen Schwappen der professionellen Maschinen lesen lokale Autoren aus ihren Büchern, Musiker laden zum Konzert, und gelegentlich schaut das Fernsehen vorbei.

Der Laden hat Kultstatus. 2010 hatten sie eröffnet, schon im Jahr darauf erhielten Nele Gilch und Petra Schinz die bundesweite Auszeichnung »Kultur- und Kreativpiloten«. Was nicht verwundert, denn sie erklären das lästige Waschen zum Genuss und nähern sich ihrem Gegenstand so ernsthaft wie spielerisch. Da gibt es die Waschtronauten, eine überirdisch makellose Familie Saubermann, die Kinder an die Wäschepflege heranführt, und für Erwachsene Kurse über Fleckentfernung oder das »Power-Bügeln für den Ironman«.

Mit seiner Devise »Make Wäsche, not war!« hat der *Trommelwirbel* inzwischen überregionale Bekanntheit erlangt. Japanische Touristen kommen vorbei und bitten um ein »picture, picture?«, Rucksacktouristen aus aller Welt gönnen sich einen Waschgang, und gelegentlich schauen auch Menschen vorbei, die man nicht erwartet. Eine Ägypterin zum Beispiel, die mit dem Taxi aus dem Hilton kam – denn ihre Kinderwäsche wollte sie Fremden nicht überlassen.

Für die meisten Besucher aber ist der – ökologisch unbedenkliche – Waschsalon gelebte und geliebte Nachbarschaft. Über einer Suppe, bei einem Stückchen selbst gebackenen Kuchen (»nach Großmutters Rezept«) oder einer Partie *Mensch-ärgere-dich-nicht* kommen auch Fremde ins Gespräch. *GP*

Café und Restaurant Satzinger Mühle,
Kirchenberg 1, 90482 Nürnberg,
Tel. 0911-5 43 46 00, www.satzinger-muehle.de,
Öffnungszeiten tägl. ab 10.00 Uhr.

Allgegenwärtig ist das Plätschern und Rauschen des Wassers, wenn man sich am Kirchenberg im Nürnberger Stadtteil Mögeldorf der Pegnitz nähert. Unaufhörlich bewegt sich im Fluss ein altes Mühlenrad und spricht von Bewegung und Wanderschaft, aber auch von Ruhe. Wo einst Korn gemahlen wurde, befindet sich jetzt im denkmalgeschützten Mühlengebäude das *Café und Restaurant Satzinger Mühle*. Von seiner schönsten Seite zeigt sich das seit zwei Jahrzehnten von Pächterin Petra Buric geführte Lokal zweifellos im Sommer, wenn man auf der hölzernen Terrasse direkt über der Pegnitz auf einem von insgesamt 120 Plätzen sitzen und die Idylle genießen kann. Es sind meist Tagesausflügler, die in der *Satzinger Mühle* haltmachen, Radler und Spaziergänger, die sich den Staub der Stadt von den Füßen geschüttelt haben, um frische Luft und Bewegung zu genießen, ohne dabei weit wegfahren zu müssen.

Versorgt werden müde Wanderer ebenso wie Fans des Ambientes mit einer Speisekarte, die sich nicht auf eine Richtung festlegen lässt, sondern saisonal abgestimmte Spezialitäten aus aller Welt anzubieten hat: Von Schnitzel und Steak bis zum Wok-Gericht und vegetarischen Speisen werden ganz verschiedene Geschmäcker bedient. Dazu gibt es hausgemachten Kuchen. Und immer sonntags auch typisch fränkische Küche mit Sauerbraten, Schäufele und Co.

Zwischen Satzinger Mühle und dem alten Fabrikgut Hammer in Laufamholz (siehe Seite 64) führt ein 3,5 Kilometer langer Naturlehrpfad an der Pegnitz entlang und lädt zu Entdeckungen in und mit der Natur ein. Vor allem Kinder können auf der Strecke erfahren, welche Bedeutung Fluss und Wasser haben, was für Tiere und Pflanzen im Pegnitztal zu finden sind und was es bedeutet, wenn man von einem mäandernden Fluss spricht. Sie lernen die Lebensräume Aue und Hecke kennen, können am Balancierbalken ihren Gleichgewichtssinn und beim Barfußparcours ihre sinnliche Wahrnehmung schulen. Für viele Erwachsene bedeuten die Pfade am Fluss entlang, an Hecken und alten Bäumen vorbei eine Möglichkeit, die Hektik und den Lärm des Alltags zu vergessen. Die nahen Straßen verschwinden nicht nur aus dem Blickfeld, sondern auch aus dem Bewusstsein, und die eng gewordene Welt wird wieder groß beim Gehen. Und doch ist die Zivilisation nicht weit und bietet mit den S-Bahn- und Busstationen Mögeldorf, Rehhof und Laufamholz die Möglichkeit, das Stück Natur in der Stadt einfach und umweltfreundlich zu erreichen. *SA*

Die Terrasse der *Satzinger Mühle* bietet einen malerischen Blick auf die Pegnitz.

ⓘ *Waldwirtschaft Steinbrüchlein*, Am Steinbrüchlein 20, 90455 Nürnberg, Tel. 0911-48 09 40 00. Öffnungszeiten März–Sep Di–So 10.00–23.00 Uhr. Abhängig von Wetterlage und Besucherandrang.

Waldspielplatz Steinbrüchlein, Am Steinbrüchlein 2, 90455 Nürnberg, Tel. 0911-86 30 38, www.waldspielplatz-steinbruechlein.de

Das *Steinbrüchlein*
Geburtsstätte der Kaiserburg

Als die »Sandbüchse des Reichs« wurde Nürnberg im Mittelalter verspottet. Kein Wunder, denn in dieser Zeit gab es rund 30 Steinbrüche im südlich der Pegnitz gelegenen Lorenzer Reichswald. Wer sie heute besichtigen will, muss sich mit der Kaiserburg und der Stadtmauer um die Altstadt zufriedengeben. Denn von den einstigen Steinbrüchen ist kaum noch etwas übrig – blockweise wurde der, aufgrund der hohen Eisenkonzentration rötlich gefärbte Sandstein abgebaut und verarbeitet und hat das Nürnberger Stadtbild wesentlich mitgeprägt. Dafür haben die Steinhauer unübersehbar ihre Spuren in der hiesigen Landschaft hinterlassen: verstreute Felsbrocken, steile Steinwände, tiefe Schluchten, hohe Sanddünen – eine wild-romantische Kulisse, ideal für Wanderungen.

Einer der vielen Steinbrüche aus dieser Zeit hat im Süden der Stadt überlebt, wenn auch nicht in seiner ursprünglichen, gewaltigen Form: das Steinbrüchlein, das früher offiziell »Unterlangenlohe« hieß. Es liegt etwas versteckt unterhalb der A 73 an der Abfahrt »Nürnberg-Zollhaus«. Radler erhaschen im Vorbeifahren beim sonntäglichen Ausflug in Richtung Ludwigskanal (siehe Seite 132) einen Blick durch die Bäume darauf oder können direkt einen Stopp einlegen.

Lohnen würde es sich jedenfalls, etwa um mehr über das »Staabrüchla« zu erfahren. Im Jahr 1302 wurde es zum ersten Mal urkundlich erwähnt. Bis 1640 bestand die Steinbrechersiedlung aus nur einem Haus. Zur Versorgung der Arbeiter kam ein Wirtshaus hinzu, später wurden dann auch Stallungen für Pferde geschaffen. Schließlich mussten auch diese sich ausruhen, wenn sie die Fuhrwerke mit den schweren Sandsteinquadern zu ziehen hatten.

Die Gaststätte besteht nach mehreren Wirtswechseln noch immer. Hier lässt sich im urigen Biergarten wunderbar einkehren. Und während man zum Beispiel neue Energie zum Weiterradeln tankt oder eine Wanderung gemütlich ausklingen lässt, können sich Kinder auf dem nahegelegenen Waldspielplatz vergnügen oder auf dem Naturlehrpfad Spannendes entdecken und einiges über die Pflanzen, den Lorenzer Reichswald und seine Bewohner lernen. Außerdem wollen insgesamt drei Nordic-Walking-Rundkurse mit einer Gesamtlänge von über 15 Kilometern von Sportbegeisterten erkundet werden.

Sportmuffel können auch einen Ausflug mit dem Auto zum *Steinbrüchlein* machen – eine gute Gelegenheit wäre etwa zur Kirchweih, die Anfang Juni quasi mitten im Wald stattfindet. *SW*

Das Traditionswirtshaus *Steinbrüchlein* liegt
verborgen im Lorenzer Reichswald.

Winzerhof Weinstuben, Lohhofer Straße 4, 90453 Nürnberg, Tel. 0911-63 79 74, www.winzerhof-weinstuben.de, Öffnungszeiten Mo, Mi 16.00–1.00, Fr–So und Fei 11.30–1.00 Uhr, Jun–Dez zusätzlich Do 16.00–1.00 Uhr.

Die kleine Freiheit in Nürnbergs Süden

Wo sich die Siedlungen von Nürnbergs Süden nahtlos bis nach Schwabach ziehen, findet man alles: seelenlose Durchgangsorte, hässliche Hochhäuser, die mit der Aussicht als ihrem einzigen Pfund wuchern und werben, halbmoderne Einkaufszentren, aber auch kleine, ursprüngliche Siedlungen abseits der Durchfahrtsstraßen. Einer dieser einst autonomen Vororte ist Gerasmühle. Der Name lässt es bereits erahnen: Grundstein bildete, ähnlich wie in Laufamholz (siehe Seite 64), ein mühlenbetriebenes Hammerwerk, das die Niederlassung weiterer Industrie förderte.

Heute ist die kleine Siedlung an der Rednitz ein beliebtes Ausflugsziel. Hier befindet sich noch immer ein ganzes Ensemble denkmalgeschützter Häuser, meist zweistöckige Sandsteingebäude. Da ist etwa ein Gasthaus mit Volutengiebel aus dem späten 18. Jahrhundert, eine Fachwerkscheune sowie die bescheideneren Arbeiterwohnhäuser aus einer Epoche der Industrialisierung, in der Fabrik, Arbeitgeber und Arbeiter noch in räumlicher Nähe zueinander standen, in der sich Wohnen und Arbeiten noch nicht im selben Maße voneinander getrennt hatten wie heute. Hinter den Höfen laden die Rednitzwiesen zu einem Spaziergang ein: an den gepflegten Sandsteinfassaden der historischen Häuser vorbei, über eine Brücke und dann hinunter in die Auen, wo ältere Paare flanieren, Familien mit dem Nachwuchs die frische Luft genießen und Hunde umhertollen.

Zum Ausklang nach einem ausgedehnten Spaziergang ist der Besuch der *Winzerhof Weinstuben* in der Lohhofer Straße zu empfehlen. Dort kann der Feinschmecker, wie der Name schon erahnen lässt, über 30 offene Weine direkt vom Winzer kosten. Doch auch dem durchschnittlichen Ausflügler inklusive Kind (und Hund) bieten sich in dem urig eingerichteten Gastraum mit Holztäfelung freundlicher Service und eine abwechslungsreiche Speisekarte. Natürlich gibt es gutfränkische Schmankerl – Schäufele ebenso wie Knödel – aber auch Salate und Gemüsegerichte. Zum Nachtisch locken Apfelküchle, Eis und Kuchen. Was die *Winzerhof Weinstuben* dabei aus der Masse ähnlicher Gasthäuser heraushebt, ist unter anderem die schöne Präsentation der Gerichte, die den üblichen Werbespruch von den mit Liebe zubereiteten Speisen glaubhafter erscheinen lässt als oft üblich. Im Winter (oder an unterkühlten Frühlingstagen) kann das Restaurant mit einem gemütlichen Kaminzimmer punkten, in der Sommerhitze bietet die mit Weinlaub bewachsene Terrasse Kühle und Schatten. *SA*

Die ehemalige Industriesiedlung Gerasmühle versprüht den Charme eines Freilandmuseums.

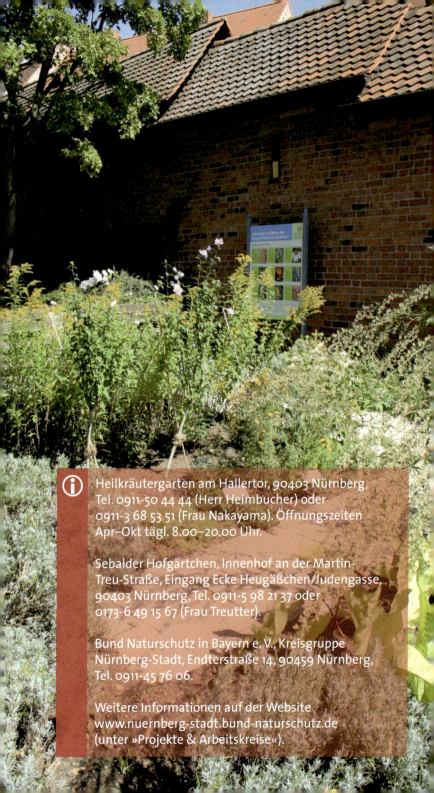

Heilkräutergarten am Hallertor, 90403 Nürnberg,
Tel. 0911-50 44 44 (Herr Heimbucher) oder
0911-3 68 53 51 (Frau Nakayama). Öffnungszeiten
Apr–Okt tägl. 8.00–20.00 Uhr.

Sebalder Hofgärtchen, Innenhof an der Martin-
Treu-Straße, Eingang Ecke Heugäßchen/Judengasse,
90403 Nürnberg, Tel. 0911-5 98 21 37 oder
0173-6 49 15 67 (Frau Treutter).

Bund Naturschutz in Bayern e. V., Kreisgruppe
Nürnberg-Stadt, Endterstraße 14, 90459 Nürnberg,
Tel. 0911-45 76 06.

Weitere Informationen auf der Website
www.nuernberg-stadt.bund-naturschutz.de
(unter »Projekte & Arbeitskreise«).

Vom Stechenden Mäusedorn und Kleinen Löwenmaul
Der Heilkräutergarten am Hallertor

Dass Lavendel nicht nur einen angenehmen Duft verströmt, sondern auch eine schlaffördernde Wirkung besitzt, das mag vielen bekannt sein. Auch Fenchel und Kamille werden gerne als Hausmittel bei kleinen Wehwehchen eingesetzt. Aber wer hätte gewusst, dass Süßholz nicht nur der Lakritzschnecke ihren markanten Geschmack verleiht, sondern in der Medizin auch bei Atemwegserkrankungen eingesetzt wird?

Ob Blauer Eisenhut, Gemeine Schafgarbe oder Gänsefingerkraut, nicht erst seit Hildegard von Bingen oder Paracelsus hat man die Heilkräfte der Pflanzen entdeckt und genutzt. In dem außergewöhnlichen Kräutergarten, gelegen im Schatten der Stadtmauer am Hallertor, kann man auf 1 000 Quadratmetern Fläche etwa genauso viele Nutzpflanzen aus 200 verschiedenen Arten kennenlernen. Betreut wird die teils seltene Flora des Apothekergartens vom Bund Naturschutz. Kleine Tafeln geben Hinweise zu Verwendung und Herkunft der Pflanzen, deren Namen man oft noch nie gehört hat. Im Sommer betört der Stadtgarten mit kräftigen Farben und würzigen Gerüchen. Für eine Weile kann man hier seine Sinne verwöhnen und dem tosenden und stinkenden Verkehr entfliehen, der nur wenige Meter weiter am Neutorgraben vorbeirauscht. Wer sich näher mit den Kräutern beschäftigen möchte, kann sich sogar als freiwilliger Helfer an der Gestaltung des Gärtchens beteiligen und seltene Kostbarkeiten wie Osterluzei oder Efeuwürger pflegen.

Und dabei lernt man noch allerlei über Herkunft und Nutzen der Heilkräuter. Der eigentlich im Mittelmeerraum beheimatete Stechende Mäusedorn, genauer gesagt hauptsächlich sein Wurzelstock, wird in der Medizin beispielsweise zum Gewinnen einer Arznei gegen Venenleiden eingesetzt. Das Kleine Löwenmaul, auch Leinkraut genannt, hat seinen Spitznamen aufgrund der gerade bei Kälte oft weit geöffneten Blüten, die wie ein aufgerissenes Löwenmaul aussehen. Früher wurde das Kraut als Abführmittel und gegen Hämorrhoiden eingesetzt.

Ein weiteres Urban-Gardening-Projekt hat der Bund Naturschutz 2013 mit dem Sebalder Hofgärtchen ins Leben gerufen. Wer sich gerne um die Bepflanzung und Pflege eines Beetes kümmern möchte, ist hier genau richtig. Wer lieber zuschauen und genießen will, ist im Hofgärtchen aber ebenso willkommen. *SS*

Der Nürnberger Heilkräutergarten versteckt sich auf der Stadtmauer oberhalb des Hallertors.

ⓘ Maria Sibylla Merian-Garten, auf der Kaiserburg,
90403 Nürnberg, Tel. 0911–2 44 65 90 (Burgverwaltung),
www.kaiserburg-nuernberg.de (unter »Burggarten«).
Öffnungszeiten Apr–Okt So–Mo 14.00–18.00 Uhr.

Die Kaiserburg ist Teil der Historischen Meile
Nürnberg,www.historische-meile.nuernberg.de

Wenn man spontane Assoziationen zur Nürnberger Kaiserburg er-
fragen würde – die Begriffe »Naturforschung«, »Aufklärung« und
»Surinam« wären höchstwahrscheinlich nicht darunter. Dass sie dennoch ein wenig dazugehören, zeigt der 2013 gestaltete Maria Sibylla
Merian-Garten, der sich zwischen Heidenturm und Himmelsstallung
schmiegt. Wer die Möglichkeit hat, seinen Besuch auf der Burg entsprechend zu planen, sollte eine Besichtigung des Gärtchens zwischen
Sinwellturm und Kaiserkapelle auf jeden Fall einschieben. Wer ohne-
hin vor Ort ist, für den lohnt sich ein Abstecher an einem ruhigen Tag,
um sich in den winzigen Garten zu setzen. Der Blick über die Stadt,
von allen Aussichtspunkten der Festung beeindruckend, gewinnt
noch, wenn man auf einer der Bänke sitzt, zur Seite den rankenden
Wein an der Mauer, den kleinen, gepflegten Rasen vor sich und das
leise Plätschern des Wasserbeckens im Ohr.

Hier arbeitete die Naturforscherin und Künstlerin Maria Sibylla
Merian während der 14 Jahre, die sie in Nürnberg lebte. Heute sind in
dem Gärtchen nur Pflanzen zu sehen, die sie für ihre Bücher gezeich-
net hat. Maria Sibylla Merian, 1647 geboren, gehört zu den faszinie-
rendsten Frauengestalten ihrer Epoche. Eine Frau mit Forschergeist,
die sich für die Lebenszyklen – ausgerechnet! – der zu ihrer Zeit noch
häufig als »Teufelsbrut« bezeichneten Insekten interessierte und etwa
die noch heute gültige Einteilung von Schmetterlingen in Tag- und
Nachtfalter begründete. Eine Frau, die ihr Leben selbst in die Hand
nahm, sich von ihrem Ehemann trennte und die gefährliche Reise in
Südamerikas Regenwald unternahm, aus der ihr bekanntestes Werk,
das »Surinam-Buch« entstand, das eine der ersten Zeichnungen der in
Deutschland damals noch weitgehend unbekannten Ananas enthält.
Eine Frau, die schon zu Lebzeiten Berühmtheit und Anerkennung
erlangte, ebenso wie sie bei anderen Spott und Unverständnis her-
vorrief. Eine Frau, die vor Beginn der Epoche der Aufklärung deren
Grundsätze verkörpert: Emanzipation, Forscherdrang, Begeisterung
für die Welt, in der wir leben, und für die Frage, wie sie funktioniert.

Heute ist der Merian-Garten ein beschaulicher Ort, der einlädt,
sich niederzusetzen und umzuschauen. Maria Sibylla Merians akku-
rate Naturzeichnungen wirken hübsch und ein bisschen altmodisch –
eine Quelle für stilvolle Stillleben – und täuschen darüber hinweg,
welch aufklärerischen Geist und naturforscherliche Gewissenhaftig-
keit sie eigentlich transportieren. *SA*

Der nach Maria Sibylla Merian benannte Burggarten
ist selbst ein kleines Kunstwerk.

Salzgrotte im Gesundheitszentrum Bartl,
Neutorgraben 3, 90419 Nürnberg, Tel. 0911-2 37 37 28,
www.salzgrotte-nuernberg.de, Öffnungszeiten
Mo–Fr 8.00–13.00 und 15.00–19.00, Sa 10.00–17.00 Uhr.
Beginn der letzten Sitzung 1 Stunde vor Schließung.

Nutzung mit Kleinkindern nur Mo 17.00–18.00, Di, Do
16.00–17.00, Mi, Fr–Sa 10.00–11.00 Uhr. Reservierung
erforderlich.

Mitte Mai–Mitte Sep Sa geschlossen.

Wo eine Brise Meerluft weht

Warum ans Meer fahren, wenn man eben mal schnell in der Mittags-pause oder nach Feierabend eine Brise Salzluft schnuppern kann. Am Neutorgraben zwischen Nürnberger Altstadt und St. Johannis liegt das »Salarium«, eine Salzgrotte, in der gestresste Seelen eine Oase der Entspannung finden. In warmen Farben leuchtet diese Stätte der Ruhe, die Luft ist feucht und angereichert mit ionisierendem Salz, was mit jedem Atemzug zu spüren ist. Der Alltagstrubel ist hier schnell vergessen.

Allerdings sollte man sich bei der Umgebungstemperatur von den orange-roten, mit Mineralien angereicherten Wänden nicht täuschen lassen, denn die passt sich in der Salzgrotte dem äußeren Klima an. Das heißt: An heißen Tagen ist es im Salarium warm, an kalten Ta-gen kühl. Gut, dass man sich in den Liegestühlen in Decken kuscheln, dabei sanften Klängen oder dem Plätschern des Salzwasserbrunnens lauschen und den Solenebel inhalieren kann. Während einer Sitzung behält der Besucher übrigens seine normale Straßen- oder Freizeit-kleidung an, lediglich die Schuhe werden eingetütet.

Wer Drang nach Bewegung verspürt, kann sein Fitness-Entspan-nungs-Programm ebenfalls hierher verlegen und bei Yoga, Qi Gong oder Stretching seinen Körper und Geist in Einklang bringen. Im Üb-rigen dürfen auch schon Babys Salzluft schnuppern. Falls man also keinen Sitter findet, muss man auf seine Portion Urlaub vom Alltag nicht unbedingt verzichten. Weil die Kleinen allerdings nicht immer ruhig sitzen können – und es auch gar nicht müssen – bieten die Be-treiber spezielle Kinderzeiten an. Hier kann nach Herzenslust gespielt, gelacht oder auch geweint werden, ohne dass man die anderen Gäste stört. Wer keine Lust hat, alleine ins Salarium zu gehen, kann die Salz-grotte auch gleich für einen privaten Event buchen.

Ein Besuch dürfte sich auf jeden Fall lohnen, schon allein, um sich auf den nächsten Winter vorzubereiten. Denn die Salzluft stärkt die Abwehrkräfte und wirkt vorbeugend und unterstützend bei Atem-wegs- und Lungenerkrankungen. Und dazu muss man noch nicht einmal ans Meer fahren – bloß die Palmen und das Wellenrauschen fehlen in der Grotte.

Für die Entspannung zu Hause bietet der kleine Salzladen im Ein-gangsbereich des Salariums eine Vielzahl von Salzen aus aller Welt so-wie Würzmischungen an, außerdem Salzkosmetik, Sole Bonbons und exotische Schokolade. *SW*

Die Besucher des »Salariums« erwartet Wohlbefinden, Entspannung und Gesundheit.

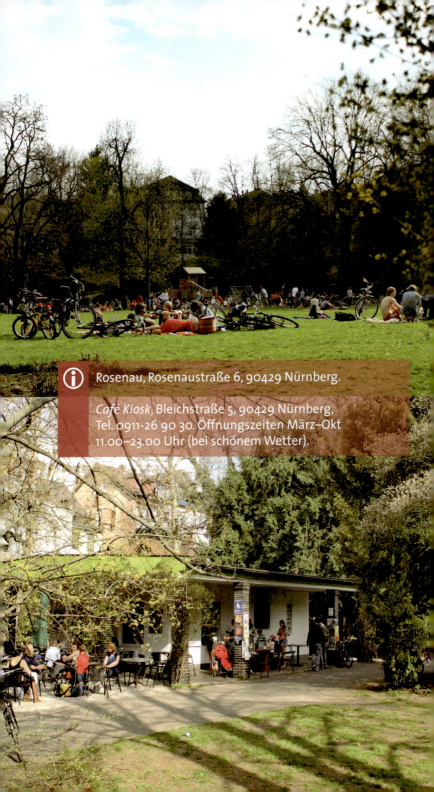

ⓘ Rosenau, Rosenaustraße 6, 90429 Nürnberg.

Café Kiosk, Bleichstraße 5, 90429 Nürnberg, Tel. 0911-26 90 30. Öffnungszeiten März–Okt 11.00–23.00 Uhr (bei schönem Wetter).

Grüne Oase inmitten einer Verkehrswüste

Es ist kaum zu glauben, dass sich unmittelbar in der Nähe der Rosenau Nürnbergs lautester Verkehrsknoten, der Plärrer, befindet. Denn
von Hup-Orgien oder schimpfenden Autofahrern ist in dem Park
südwestlich der Altstadt nichts zu hören. Zum Glück, umso mehr
kann man sich hier von der Hektik des Alltags ausklinken und einfach
mal abschalten. Und das machen nicht gerade wenige.

In der Grünanlage entspannt sich jeder auf seine Art: Man nehme
nur die Zeitungsleser, die ihren Milchkaffee an den netten Bistro-Ti-
schen im *Café Kiosk* genießen. Seit über 20 Jahren bewirtet Lis Hutzler
ihre Gäste in dem ehemaligen Milchhäuschen. Die Küche ist bewusst
eher bodenständig schlicht gehalten, um sämtliche Geschmäcker des
bunten Publikums – Anwohner und Familien, Studenten und Ge-
schäftsleute gleichermaßen – bedienen zu können.

Ein Hauch Paris weht hier durch die Luft, vor allem am frühen
Abend, wenn Boule-Spieler auf dem Kiesweg ihre Kugeln klackern
lassen. Sportlich zur Ruhe kommen ganze Gruppen beim Tai-Chi
(siehe Seite 122) oder Einzelne beim Tischtennis. Andere genießen
lieber auf den Liegestühlen oder direkt auf der Wiese die Sonne. Und
während frisch Verliebte auf Parkbänken turteln, schauen Eltern ihren Kindern beim Herumtollen auf dem Spielplatz zu. Wo heute das
Klettergerüst und die Schaukeln stehen, war übrigens noch bis 1945
ein Weiher. Doch der musste zugeschüttet werden. Das einzige Plätschern in der Rosenau ist vom Minnesänger-Brunnen des Bildhauers
Philipp Kittler (1861–1944) zu vernehmen.

Dabei stand der Fischteich einst sprichwörtlich im Zentrum: Rit-
ter des Deutschherrenordens betrieben direkt daneben im Mittelalter
eine große Wäschebleiche. Erst im 19. Jahrhundert ließ der Unternehmer und türkische Konsul Johann David Wiß die Grünanlage umge-
stalten und taufte sie Rosenau – wahrscheinlich zu Ehren seiner Gattin Rosina. Der Bleichersweiher verwandelte sich in einen idyllischen
Waldweiher mit prächtiger Bepflanzung, auf dem Enten und Schwä-
ne schwammen. Bei gutem Wetter durfte an bestimmten Tagen die
gehobene Gesellschaft gegen eine Eintrittsgebühr durch die Rosenau
flanieren und mit Kähnen auf dem Weiher schippern oder im Winter
mit Schlittschuhen ihre Runden drehen.

Auch wenn der Teich verschwunden ist, so steht heute der Park
zumindest jedem offen und das gratis – lediglich etwas freie Zeit und
Sonnenschein muss man dafür aufbringen können. *SW*

Die Rosenau ist eine beliebte Grünanlage
im gleichnamigen Nürnberger Stadtteil.

Hesperidengärten, Eingang über Johannisstraße 47 oder Riesenschritt 26, 90419 Nürnberg, Tel. 0911-45 75 32 (Bürgerverein St. Johannis). Öffnungszeiten Apr–Okt tägl. 8.00–20.00 Uhr.

Kaffeestube am Hesperidengarten, Johannisstraße 47, 90419 Nürnberg, Tel. 0911-33 99 08. Öffnungszeiten tägl. 9.00–18.00 Uhr.

Die Hesperidengärten sind Teil der Historischen Meile Nürnberg, www.historische-meile.nuernberg.de

Auf den sonnigen Hängen im Stadtteil St. Johannis wuchsen früher Zitronen und Orangen. Im 17. Jahrhundert gelang es den Nürnbergern, in ihren Gärten, die nach Süden hin zur Pegnitz abfielen, die goldenen Früchte zum Reifen zu bringen. Wegen dieser »Goldäpfel« gab der Botaniker Johann Christoph Volkamer (1644–1720) den barocken grünen Inseln vor der Stadtmauer den mythisch klingenden Namen Hesperidengärten. Heute liegen die Gärten fast im Herzen der Stadt, umschlossen von hohen Ziegelbauten wie versteckte Oasen. Musste Herakles noch einen vielköpfigen Drachen überlisten, um die von den Hesperiden bewachten Früchte zu stehlen, so reicht es heute, wenn Besucher die Öffnungszeiten beachten.

Über die Johannisstraße 47 erreicht man eine der schönsten dieser Anlagen, die ursprünglich den barocken Lustgärten des Adels nachempfunden waren. Nach 1945 weitgehend erhalten und durch das Engagement des Bürgervereins St. Johannis vor ehrgeizigen Bebauungsplänen gerettet, wurde der romantische Park in den Achtzigerjahren vollständig wiederhergestellt der Öffentlichkeit übergeben. Heute betritt man das Schmuckstück über den Hof der *Kaffeestube am Hesperidengarten*, vorbei an Bänken voller fröhlicher Ausflügler durch ein kleines, reich verziertes Tor. Der Blick schweift über niedrige Hecken, Rondelle und von Statuen gesäumte Wege. Obwohl man im Sommer kaum hoffen kann, in den Gärten Einsamkeit und Muße zu finden, so liegen sie doch versteckt genug, um dem städtischen Trubel zu entgehen. Betrachtet man die Anlage genauer, wird man mit manch einer Entdeckung belohnt. Machen Sie Bekanntschaft mit vier grotesken Zeitgenossen: Musiknarr, Eiermännchen, Bratwurstnarr und Fresssack. Oder nehmen Sie sich Zeit für einen Blick auf die Uhr. Bürgerverein und Stadt gestalteten nach mittelalterlichem Vorbild eine Sonnenuhr, deren Ziffern aus Buchsbaumhecken geschnitten sind und die vielleicht in ganz Europa einzigartig ist.

Ein Faltblatt, das Sie in der *Kaffeestube* erwerben können, informiert eingehend über die historischen Hintergründe. Zur ungestörten Lektüre bietet sich der gemütliche Gastraum an; ein wenig bäuerlich, ein wenig nostalgisch wirkt er. Auf den Wandborden steht eine Sammlung bauchiger Kaffeekannen; eine kleine Galerie zeigt Bilder regionaler Künstler, die einfach da hängen, wo das urige Fachwerk Platz lässt. Zum Abschluss eines gelungenen Ausfluges fehlt vielleicht nur noch eine der berühmten, frischen Waffeln. Guten Appetit! *HA*

Die Hesperidengärten liegen zurückgezogen
hinter den Häusern der Johannisstraße.
| 119

ⓘ 1. Boogie Woogie Club Nürnberg e. V., Lindy Hop Training und freies Tanzen, in der unteren Turnhalle der Reutersbrunnenschule, Reutersbrunnenstraße 12, 90429 Nürnberg, Mo 19.15–21.30 Uhr. Weiteres Trainingsangebot auf der Website www.boogie-woogie-club-nuernberg.de

»That Cotton Club« Tanzveranstaltung, an einem Di im Monat 19.30–23.00 Uhr im E-Werk (Erlangen) und an einem So im Monat 17.30–21.00 Uhr in der *Kofferfabrik* (Fürth). Genaue Termine unter Tel. 0911-93 85 02 53 oder auf der Website www.thatcottonclub.de

Es ist Montagabend in der kleinen Turnhalle der Reutersbrunnen-schule. Wo sonst Grundschüler Brennball spielen, tanzen gerade zwei Dutzend Erwachsene jeden Alters ausgelassen zu bekannten Swing-Songs der Zwanzigerjahre, wie *Chattanooga Choo Choo* und *Mackie Messer*. Es sind die Mitglieder des 1. Boogie Woogie Club Nürnberg, die den Lindy Hop üben. Hier werden die Beine geschüttelt und die Arme gewirbelt, wird in die Luft gekickt, gebouncet, der Partner weg-geschleudert und wieder eingefangen. Mal dreht sich der eine, mal der andere, die Paare tanzen nebeneinander, voreinander und hinterein-ander. Was ist hier abgesprochen, was passiert zufällig? Und wer führt eigentlich wen?

Der Tanz entstand im Frühling 1927 – am selben Tag, an dem Charles Lindbergh den Atlantik überflog – als im Savoy Ballroom in Harlem der beliebte Tänzer Shorty George seiner Partnerin Big Bea durch die Beine hindurch tanzte. Auf die Frage, wie dieser Tanz hei-ße, antwortete er: »I'm doing the Lindy Hop«, denn ihm fiel nur die Zeitungsschlagzeile des Tages ein: Lindy hops the Atlantic! Der Tanz wurde in den Dreißigerjahren populär und nahm Einfluss auf viele andere Swing-Tänze, wie Jive, Boogie Woogie und Rock 'n' Roll. Im Lindy Hop verbinden sich europäische Paartanzkultur und afroame-rikanischer Groove zu einem gleichzeitig schwungvollen und elegan-ten, frech verspielten, erotischen aber lässigen Tanz voller Improvisa-tionsfreiheit und Lebensfreude.

Es geht vor allem um den Spaß an der Bewegung und der Musik. Das aktuelle Revival des Lindy Hop liegt vielleicht auch an der Gleich-berechtigung der Partner, bei denen es die Rollen des »Leaders« und des »Followers« gibt, die aber an kein Geschlecht gebunden sind. Je nach Konstellation und Vorlieben können die Figuren, von rasanten Schrittfolgen und komödiantischen Gesten bis zu akrobatischen Ele-menten, individuell variiert und miteinander kombiniert werden.

Im 1. Boogie Woogie Club Nürnberg kann jeder Interessierte zum kostenlosen Probetraining kommen oder an einem der Workshops teilnehmen. Außerdem finden regelmäßig Swing-Partys in der Region statt. Zweimal monatlich wird beim »That Cotton Club« entweder im E-Werk in Erlangen (siehe Seite 200) oder in der *Kofferfabrik* in Fürth (siehe Seite 166) in Weste und Hosenträgern, Stiftrock oder Marlene-Dietrich-Hose zur Musik von Glenn Miller, Louis Prima oder Benny Goodman getanzt. Deutschland ist wieder im Swingfieber! *AK*

Der Boogie Woogie Club s(ch)wingt das Tanzbein zur Musik der Roaring Twenties.

Tai-Chi im Stadtpark, am Neptunbrunnen, 90409 Nürnberg, Institut für Bewegungskunst, Tel. 0911-98 94 56 93, www.taichinuernberg.de

Straße der Kinderrechte, Informationen auf der Website www.strasse-der-kinderrechte.nuernberg.de

Tai-Chi im Stadtpark

Wie in Zeitlupe ziehen sechs Armpaare unter dem wolkenlosen Himmel konzentriert ihre Kreise. Interessiert bleiben einige Spaziergänger stehen und sehen den harmonischen Bewegungen der Tai-Chi-Gruppe zu. Figuren, wie »der goldene Hahn, auf einem Bein stehend« oder »die Wildgans, die ihre Flügel ausbreitet«, sind inzwischen im Sommer immer öfter in den Nürnberger Grünanlagen, so beispielsweise am Neptunbrunnen im Stadtpark, zu beobachten.

Dass die anmutigen Bewegungen eigentlich einer chinesischen Kampfkunst entstammen, will man auf den ersten Blick gar nicht glauben. Mitglieder der Familie Chen kombinierten im 17. Jahrhundert eigene Kampftechniken mit Übungen zur Gesunderhaltung des Körpers. Aus diesem Chen-Stil entwickelte sich der heutzutage bekannte Begriff »Taijiquan«, was sinngemäß in etwa mit »Fäuste des Vollkommenen« oder »Kämpfen nach dem höchsten Prinzip« übersetzt werden kann. Im Zentrum des Übens stehen klar umschriebene, aufmerksam ausgeführte Bewegungsabläufe, deren Elemente sich zu einer fließenden Figur zusammenfügen. Trotz Streckung und Dehnung im Körper ist es das Ziel, gänzlich entspannt zu bleiben. Dieses Leitmotiv ist besonders in den Partnerübungen sichtbar, bei denen man die Bewegungen seines Gegenübers mit »hörenden Händen« aufnimmt. Tai-Chi aber nur als Fortführung alter Kampfkunst-Traditionen zu sehen, greift zu kurz. Mittlerweile stehen nicht selten die positiven gesundheitlichen Auswirkungen auf Atmung, Tiefenmuskulatur und Herz-Kreislauf-System im Fokus des Trainings.

Wer sich von der Anmut der in sich ruhenden Tai-Chi-Teilnehmer wieder lösen kann, wird im Stadtpark viele erholsame oder spannende Ecken finden, die erkundet werden wollen. Besonders beeindruckend ist die Straße der Kinderrechte. Bei diesem Projekt haben Kinder für Kinder gestaltet und gemalt. Bunte und fröhliche Figuren, wie die wasserspeiende Schildkröte oder der Buchstabenbaum, kombiniert mit Artikeln der UN-Kinderrechtskonvention sollen an die Rechte auf Spiel, Gesundheit, elterliche Fürsorge oder auch den Schutz vor Missbrauch und Gewalt erinnern.

Übrigens ist die Kunst des Tai-Chi auch für Kinder offen. Wurde früher der klassische Chen-Stil nur vom Vater an die Söhne weitergegeben, so wurden in späteren Zeiten auch Kinder und Heranwachsende benachbarter Dörfer von den besten Lehrern des Ortes unterrichtet. *SS*

Eine Tai-Chi-Gruppe beim Training –
bereits der Anblick hat eine meditative Wirkung.

Hummelsteiner Schlösschen, Hummelstein 43–46, 90461 Nürnberg. Öffnungszeiten Parkanlage Apr–Okt 8.00–21.00, Nov–März 9.00–17.00 Uhr.

Hummelsteiner Park, Kleestraße 28, 90461 Nürnberg, Tel. 0911-44 06 38, www.hummelsteiner-park.de, Öffnungszeiten Mo–Fr 11.30–24.00, Sa 17.00–24.00, So 11.30–23.00 Uhr. Mai–Sept inklusive Biergarten.

Die vier Jahreszeiten, sie herrschen im Nürnberger Süden alle auf einmal vor, und zwar in Form von Steinskulpturen, die direkt hinter dem Hummelsteiner Schlösschen stehen. Geradezu verzückt schaut der Herbst in Gestalt des griechischen Weingottes Dionysos in die Luft. Zu Recht, denn das romantische Landgut zwischen Sperberschule und Südstadtbad ist ein wahres Kleinod in der eher industriell geprägten Nürnberger Südstadt.

Seinen Namen verdankt das Schloss mit den vier Türmchen einem gewissen Dr. Nikolaus Hummel. Die Stadt vermachte dem Juristen vor über 500 Jahren fünf Weiherlein und erlaubte ihm 1487 schließlich, »zu seinem weyer ein lusthewßlein zu pawen«. Sein Lusthäuslein war ein Fachwerkhaus mit steinernem Erdgeschoss.

Seither wechselte der Herrensitz nicht nur die Besitzer, sondern auch seine Funktion (er diente unter anderem als Wehranlage, Waffenlager und Patronenfabrik) sowie sein Aussehen. Die erste Runderneuerung war fällig, als er im Zweiten Markgrafenkrieg 1552–1554 zerstört wurde. Seine heutige Gestalt erhielt das Schloss 1720 durch den damaligen Besitzer, den Arzt Michael Friedrich Lochner; 1895 wurde es neugotisch restauriert. Lochner hatte zu seiner Zeit einen der schönsten Hesperidengärten Nürnbergs mit Zitrusfrüchten und Heilpflanzen angelegt. An dessen Pracht erinnern heute nur noch die Steinfiguren der vier Jahreszeiten an der Ostseite des Gebäudes.

Dafür aber umgibt das Schlösschen ein malerischer, ruhiger Park, der größtenteils für die Öffentlichkeit zugänglich ist. Der nördliche Teil ist als englischer Landschaftsgarten angelegt und lädt zum Spazieren oder Ausruhen ein. Der trockengelegte Schlossgraben ist noch erkennbar. 1925 erwarb die Stadt das Landgut und unterhält inzwischen im südöstlichen Turm das Umweltpädagogische Zentrum. Im Haupthaus residieren verschiedene Mietparteien.

Nicht weit vom Hummelsteiner Schloss, an der nordöstlichen Ecke des Parks, lädt übrigens ein weiterer Garten zum Verweilen ein: der Außenbereich des Restaurants *Hummelsteiner Park*. Mit 1 500 Plätzen, gelegen im Schatten 100-jähriger Pappeln, Ahorn- und Akazienbäume, besitzt der Traditionsbetrieb Nürnbergs größten Biergarten. Die einstige Gutsschänke wurde bereits während des Dreißigjährigen Krieges betrieben. Der Nürnberger Rat versuchte den vermeintlich illegalen Bierausschank zu verbieten, jedoch ohne Erfolg. Im Jahr 1721 erhielt das Wirtshaus dann das offizielle Schankrecht. *SW*

Das Hummelsteiner Schlösschen ruht inmitten
einer beschaulichen Parkanlage.

Gartenwirtschaft Fuchsloch, Nicolaistraße 18,
90429 Nürnberg, Tel. 0911-32 60 92 91,
www.gartenwirtschaft-fuchsloch.de,
Öffnungszeiten Di–Fr 11.00–22.00, Sa 10.00–20.00,
So 10.00–22.00 Uhr. Okt–März Sa bis 16.00 Uhr.

Brückenfestival, unter der Theodor-Heuss-Brücke,
90419 Nürnberg, theodor.heuss@bruecken-festival.de,
www.bruecken-festival.de

Sport und Spaß in den westlichen Pegnitzauen

In früheren Zeiten waren Flüsse Lebensadern, die über Wohlstand und Macht einer Stadt entscheiden konnten. Heute bedeutet ein Fluss für eine Stadt vor allem ein Plus an Lebensqualität. Zwischen Nürnberg und Fürth fließt die Pegnitz, die sich im Fürther Flussdreieck, der sogenannten »Spitz« (siehe Seite 180), mit der Rednitz vereinigt und dann als Regnitz weiter Richtung Norden strömt, um schließlich in den Main zu münden.

In beiden Städten bietet der Fluss vielfältige Möglichkeiten, die Natur zu genießen: der Lauf der Pegnitz lädt zum Erkunden mit dem Rad ein. Viele schöne Flecken bieten sich für ein Picknick, einen Sprung ins kühle Nass an heißen Tagen oder eine Joggingrunde an. Zwischen Fürther Uferstadt und Fuchsloch bildet das ruhige, braungrüne Wasser auf einmal Wirbel und vermittelt einen jähen Eindruck von Wildheit und Freiheit. Am Fuchslochsteig hinter der Stadtgrenze beginnt schließlich das Freizeitgebiet »Pegnitztal West«, das sich bis zur Theodor-Heuss-Brücke erstreckt.

Die Wiesen des gesetzlich geschützten Biotops rund um den abgeschnittenen Altarm des Flusses bilden einen natürlichen Rückzugsraum für eine Reihe von Wasservögeln und Amphibien. Teichhuhn, Grasfrosch und Erdkröte finden hier, in dem Abschnitt zwischen jüdischem Friedhof und Westfriedhof auf der einen sowie Pegnitz auf der anderen Seite, ungestörte Brut- und Fressplätze.

Weiter flussaufwärts gibt es Sportplätze und ein Areal für den Hundeauslauf. Radfahrer, Jogger, Familien mit Kindern und Gassigeher teilen sich die Grünflächen entlang des Süßheimwegs und genießen die ersten wärmenden Sonnenstrahlen im Frühling oder die Schattenplätze an einem heißen Sommernachmittag. Ein Laufparcours über eine Strecke von acht Kilometern zwischen Fuchsloch und der Klinik Hallerwiese ist mit roten Zeichen ausgeschildert. Am gegenüberliegenden Ufer, unweit des ehemaligen AEG-Geländes (siehe Seite 92) befindet sich, versteckt in einer Kleingartensiedlung, die *Gartenwirtschaft Fuchsloch*, zu deren Spezialitäten die hausgemachte Schlachtschüssel zählt.

Des Weiteren findet seit 2001 einmal im Jahr unter der Theodor-Heuss-Brücke das Nürnberger Brückenfestival statt – ein unabhängiges Festival, das Musikliebende aller Richtungen vereint. Es setzt neben dem berühmteren Bardentreffen (siehe Seite 70) einen eigenen Akzent und lockt jährlich an die 20 000 Besucher an. *SA*

Das Nürnberger Brückenfestival bietet ein
Musikerlebnis der außergewöhnlichen Art.

Spiel!Golf, Wacholderweg 25, 90441 Nürnberg, Tel. 0911-4 18 46 14 oder 0160-93 19 06 57, www.spielgolf-nuernberg.de, Öffnungszeiten Apr–Okt Mo–Fr 15.00–21.00 (in den bayerischen Schulferien ab 14.00 Uhr), Sa 14.00–21.00, So und Fei 11.00–21.00 Uhr. Einlass tägl. bis 19.30 Uhr.

»Spiel!Golf« heißt die neue Trendsportart, die es seit 2009 auch in Nürnberg gibt. Aufgeschnappt wurde die Idee von Mitgliedern des SV 1873 Nürnberg-Süd, als sie in Abenberg den attraktiven Freizeitspaß entdeckten. Und so beschloss man, das interessante Vergnügen in die Metropole zu importieren. Eine Fläche von 2 600 Quadratmetern stand auf dem Vereinsgelände zur Verfügung, umsetzen konnte man das Vorhaben allerdings nur mit der Unterstützung privater Investoren.

Ein wenig erinnert das Ganze an eine Golfanlage im Miniaturformat. Oder aber auch an eine vergrößerte Minigolfanlage. Der Belag der 18 Bahnen, die mit einer Länge von 8-16 Metern deutlich größer sind als beim Minigolf, besteht aus Kunstrasen, stilecht mit Green und Roughs, um die Ballrolleigenschaften echter Golf Ranges zu imitieren. Voraussetzungen wie in der Natur werden durch die Einbeziehung von Böschungen, Hügeln und Mulden geschaffen. Felsen, Wasserläufe oder Sandbunker kommen auf den Bahnen nicht nur als gestalterische Elemente zur Geltung, sondern dienen darüber hinaus als Hindernisse.

Zur Grundausrüstung für den Spieler gehören original Golfbälle, ein Schläger oder »Putter«, so der Fachbegriff im Golfjargon, und ein gutes Augenmaß. Nun heißt es, ein ruhiges Händchen zu bewahren. Ziel des Spiels ist es, den Ball vom Abschlagfeld mit möglichst wenigen Schlägen in ein Loch zu lenken. Als Basis gelten hierfür die internationalen Minigolfsport-Regeln. Hat man die ideale Schlagposition auf der Bahn gefunden, ist es taktisch klüger, sich dem Ziel in geschickten Zügen anzunähern, als das Loch mit einem einzigen riskanten Schlag treffen zu wollen. Dabei hat natürlich jede Bahn so ihre Tücken. Mal gilt es einen großen Stein zu umrunden, mal eine Bodenwelle zu überwinden oder die Schwerkraft auszutricksen, weil das Loch an einem Hang liegt.

Nicht nur der Wettkampf mit dem Gegenspieler facht den Ehrgeiz an. Für jede Bahn ist ein »Par« vorgegeben. Dies ist die maximale Anzahl von Schlägen, die es einzuhalten oder besser noch zu unterbieten gilt. So ist es sicher keine Seltenheit, dass nach durchlaufenem Parcours die professionellen Schlagtechniken der anderen Spieler studiert werden, um noch eine weitere Runde zu starten. Wäre doch gelacht, wenn der Bahnenrekord nicht unterboten werden könnte! *SS*

Spiel!Golf – das ist wie Minigolf in groß und auf Bahnen mit Kunstrasen.

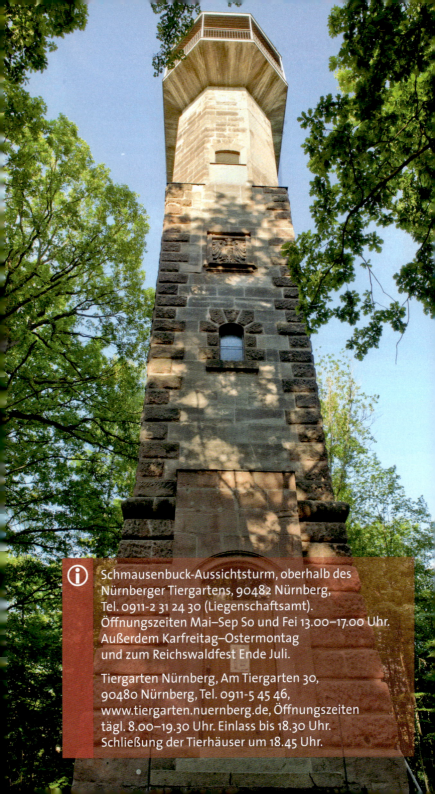

Schmausenbuck-Aussichtsturm, oberhalb des
Nürnberger Tiergartens, 90482 Nürnberg,
Tel. 0911-2 31 24 30 (Liegenschaftsamt).
Öffnungszeiten Mai–Sep So und Fei 13.00–17.00 Uhr.
Außerdem Karfreitag–Ostermontag
und zum Reichswaldfest Ende Juli.

Tiergarten Nürnberg, Am Tiergarten 30,
90480 Nürnberg, Tel. 0911-5 45 46,
www.tiergarten.nuernberg.de, Öffnungszeiten
tägl. 8.00–19.30 Uhr. Einlass bis 18.30 Uhr.
Schließung der Tierhäuser um 18.45 Uhr.

Der Schmausenbuck ist »eine der ältesten Walderholungs- und Vergnügungsstätten« in Deutschland. So zumindest verkündet es ein Schild: Schon 1372 wurde hier gezecht, getanzt und gekegelt.

Wer den steilen Anstieg zum Turm hinaus geschafft hat, stellt sich das beim Luftschnappen gern vor. Es duftet würzig nach Wald hier oben, 390 Meter über dem Meeresspiegel. Und wenn im Sommer die Sonne durch das Blätterdach scheint, muss es mehr als lauschig sein – beim jährlichen Reichswaldfest folgen Tausende dieser Einladung der Natur. An normalen Tagen genießen Spaziergänger und Nordic Walker aus Nürnberg die frische Luft, auch Mountainbiker vergnügen sich hier und sind – den Spuren nach zu urteilen – auf eigenen Pfaden unterwegs.

Vieles gibt es rund um den Schmausenbuck – benannt nach dem Rotbierbrauer Georg Schmaus, der das Gelände im 17. Jahrhundert erwarb – zu entdecken: knorrige Wurzeln und senkrecht abfallender Sandstein als Überbleibsel der Steinbrüche, denn hier wurden die Quader für Patrizierhäuser, Kirchen und das Bürgerspital gebrochen. Kuppen, über denen Steckerles-Kiefern und prächtige Eichen, Birken und Linden aufragen, und wassertriefende Mulden, die die Nürnberger bis 1806 zur Vogeljagd nutzen.

Dass einem Tier am Schmausenbuck heute etwas geschieht – undenkbar! 1937 wurde der Tiergarten in den Wald verlegt. Das Kreischen der Affen, die schrillen Rufe von Vögeln und brüllende Löwen sind zuweilen bis hinauf zu hören, und wer sich erinnert, dass 2000 die Eisbären ausgebrochen waren, ist froh über diesen Zaun. Durch die Gitter hindurch blitzen Tropenhaus und Aqualandschaft hervor, gelegentlich auch schlendernde Besucher.

Anders als die Zoobewohner genießen alle, die sich zum Schmausenbuck aufmachen, ihre Freiheit. Im Waldkindergarten erkunden die Jüngsten täglich die Natur, im Hochbehälter wird seit 1919 Trinkwasser für Nürnberg gespeichert. Und über allem thront der Turm, erbaut 1888. »Den Turm hier auf der alten Gritz, nehm' Gott in Schutz bei Sturm und Blitz« ist in Stein gemeißelt. Doch dann kam der Zweite Weltkrieg und raubte dem ehemals 41 Meter hohen Wahrzeichen die Spitze, 1965 wurde er bis zur Höhe von 29 Metern wieder aufgebaut und mit einer gläsernen Kanzel versehen. 135 Stufen sind es bis ganz hinauf. Eine Anstrengung, die mit Ausblick bis nach Altdorf, Feucht und Lauf im Osten und bis nach Fürth im Westen belohnt wird. *GP*

135 Stufen trennen Besucher des Schmausenbucks vom Rundumblick ins Frankenland.

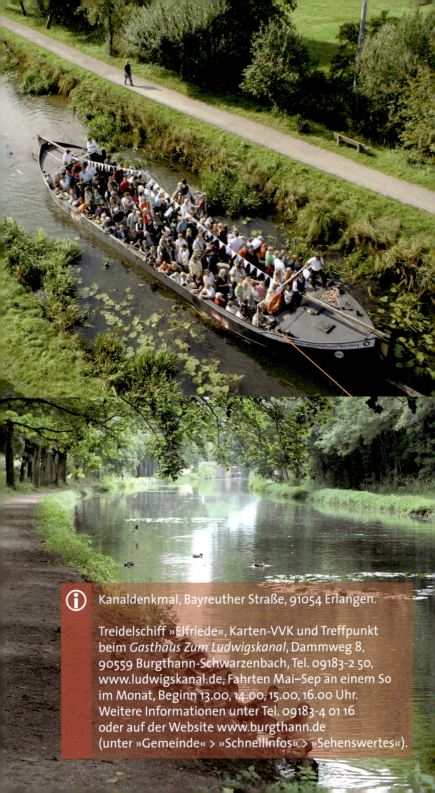

ⓘ Kanaldenkmal, Bayreuther Straße, 91054 Erlangen.

Treidelschiff »Elfriede«, Karten-VVK und Treffpunkt beim *Gasthaus Zum Ludwigskanal*, Dammweg 8, 90559 Burgthann-Schwarzenbach, Tel. 09183-2 50, www.ludwigskanal.de, Fahrten Mai–Sep an einem So im Monat, Beginn 13.00, 14.00, 15.00, 16.00 Uhr. Weitere Informationen unter Tel. 09183-4 01 16 oder auf der Website www.burgthann.de (unter »Gemeinde« > »Schnellinfos« > »Sehenswertes«).

Einst hatte Karl der Große eine brillante und äußerst fortschrittliche Idee. Er wollte Main und Donau über eine Wasserstraße verbinden lassen. Doch das kühne Vorhaben scheiterte. Ludwig I. nahm den Gedanken 1825 wieder auf, und elf Jahre später wurde mit dem Bau des Großprojekts begonnen. Bis zu 9 000 Arbeiter hoben mit Hacken und Schaufeln ein schiffbares Flussbett aus. Am 15. Juli 1846 wurde der Ludwig-Donau-Main-Kanal schließlich eingeweiht. Auf dem zu diesem Anlass enthüllten Denkmal an der Westseite des Erlanger Burgbergs (siehe Seite 208) geben sich die Personifikationen von Main und Donau noch heute die Hand.

Schiffe, die von Kelheim nach Bamberg (oder auch umgekehrt) fuhren, mussten 178 Kilometer auf dem Kanal zurücklegen und insgesamt 100 Schleusen passieren. Da die Schiffe noch nicht motorisiert waren, wurden sie die ganze Strecke von Pferden gezogen. Beim sogenannten »Treideln« waren sie fünf bis sechs Tage unterwegs. Doch kaum hatte der Kanal seine Blütezeit erreicht, da war sie auch schon wieder vorbei. Die wirtschaftlichere und sich rasant entwickelnde Eisenbahn lief der Schifffahrt als Transportmittel den Rang ab. Dass nur speziell konstruierte 120-Tonnen-Schiffe den Kanal nutzen konnten, machte die Lage nicht einfacher. Ende des 19. Jahrhunderts hatte die teure Wasserstraße ihre beste Zeit hinter sich, und es wurden bereits Pläne für einen neuen, zeitgemäßen Wasserweg geschmiedet – den heutigen Main-Donau-Kanal.

Heute rollen Autos auf der zugebauten ehemaligen Wasserstraße über den Frankenschnellweg von Nürnberg nach Bamberg. Glücklicherweise hat der »Alte Kanal« auf einigen Abschnitten bis in unsere Zeit überlebt und 67 der Schleusen sind erhalten geblieben, wenn auch teils nur in Form von Relikten. Die Schleuse 100 in Bamberg, die auch heute noch von Hand betrieben wird, verhilft weiterhin etwa 400 Schiffen jährlich die dortige Höhendifferenz von fast vier Metern zu überwinden. Im Süden von Nürnberg haben sich die bestehenden Strecken der ehemaligen Schifffahrtsroute zu wunderbaren, erholsamen Oasen entwickelt. Sowohl Spaziergänger als auch Jogger und Radfahrer nutzen die Treidelwege entlang des Wassers als willkommene Erholungsquelle. Weiter südlich, bei Burgthann, kann man sich im Sommer sogar wieder in alte Zeiten zurückversetzen und sich auf dem Treidelschiff »Elfriede« von Pferden durch den Kanal ziehen lassen. *SS*

Ehemals königliches Großbauprojekt, dient der Ludwigskanal heute der Naherholung.

ⓘ Käthe Wohlfahrt, Königstraße 8, 90402 Nürnberg,
Tel. 09861-40 90, www.wohlfahrt.de, Öffnungszeiten
Mo–Fr 10.00–18.30, Sa 10.00–17.00 Uhr.

Da kann der Frühling durch die Luft wehen, wie er will, und der Sommer den Schweiß aus allen Poren drücken: Im Käthe-Wohlfahrt-Laden ist immer Weihnachten. Wer also einen akuten Sehnsuchtsanfall nach heimeliger Atmosphäre erleidet, ist in der Königstraße zu jeder Jahreszeit gut aufgehoben.

Nussknacker mit kraftvollen Kiefern, fein ausgesägte Schwibbögen und drei Stockwerke hohe Weihnachtspyramiden, Christbaumkugeln in allen Modefarben, Sterne aus Stroh, aus Glas und Messingblech. Fein ziseliert sind sie und schimmern seidig, der Baumschmuck ist mit künstlichem Schnee bestäubt. Schee is!

Dass sich Rudolf, das Rentier, zwischen die Räuchermännchen mogelt, dass eine Figurengruppe Kinder aus aller Welt zeigt und eine andere Ärzte und Krankenschwestern – das ist durchaus gewollt. Denn vor allem im Sommer besuchen Touristen von allen Kontinenten den Laden. Die Chinesen und Japaner mögen beglückt sein von der glitzernden Pracht, in ihr Fluggepäck passt oft nur eine Kleinigkeit. Die Amerikaner dagegen sind weihnachtsfanatisch und lassen sich »made in Germany« gern nachsenden, ganz gleich ob es voluminöse Holzarbeiten aus dem Erzgebirge sind oder die neuesten Kreationen aus der Rothenburger Weihnachtswerkstatt. Dort arbeiten Künstler, Schnitzer, Drechsler und Maler sowie ein technischer Zeichner zusammen, machen aus Ideen Entwürfe und aus Modellen Kleinserien. Alle hierzulande gefertigt.

Die Einheimischen freilich drängt es vor allem in der Vorweihnachtszeit in den kleinen Laden, der 1999 in bester Lauflage eröffnet wurde. Damals dehnte das Familienunternehmen Käthe Wohlfahrt – 1964 im schwäbischen Böblingen gegründet und in Rothenburg ob der Tauber zur Marke aufgestiegen – den Wirkungskreis aus. Es ist inzwischen der weltweit größte Anbieter von traditionellem Weihnachtsschmuck und hat Niederlassungen u. a. in Berlin, Heidelberg, Rüdesheim und in Oberammergau, aber auch im Elsass, in Belgien und den USA.

Aber was mögen nun die Deutschen am liebsten? Räuchermännchen, die putzig aussehen und tüchtig qualmen. Aber auch für die Hosentasche gibt es Mitbringsel. Die Seiffener Miniaturen etwa, die in eine Streichholzschachtel passen. Nicht wundern, wenn Sie beim Aufschieben eine Osterhasen-Familie sehen. Auch die gibt es, und Weihnachten ist sowieso jedes Jahr! *GP*

Puppenklinik Peter Groß, Unschlittplatz 12, 90403 Nürnberg, Tel. 0911-5 90 23 77, www.puppenklinik-peter.de, Öffnungszeiten Mo–Fr 10.00–18.00, Sa 10.00–13.00 Uhr.

Wo Teddys mehr als ein Pflaster brauchen

Seine Patienten sind fast durchweg weiblich, zwischen 50 und 100 Jahre alt oder sogar noch älter. Einige sind nackt, andere modisch gekleidet, die wenigen männlichen Patienten sind am ganzen Körper behaart. Manche werden in seine Klinik mit abgerissenem Kopf oder Arm eingeliefert, andere mit Löchern im Bauch oder eingedrücktem Auge. Die Patienten sind Puppen und Teddybären. Peter Groß kann sie wieder heilen, denn der ehemalige Unternehmensberater hat vor einigen Jahren zum Puppendoktor umgeschult.

Auf den ersten Blick gleicht seine Puppenklinik einem winzigen Museum – Puppen sitzen neben Stofftieren, in alten Puppenstuben oder -wagen. Neben abgenutztem Spielzeug finden Puppenliebhaber hier eine große Vielfalt an Kleidchen und Schühchen. Oft sitzt Peter Groß gemeinsam mit seiner Frau Ingrid in dem Stillleben, sie strickt Kleidchen, er doktert an seinen Patienten herum. An den Laden schließt sich eine etwas unheimliche Werkstatt an, hier stapeln sich die Kisten, vollgestopft mit Armen, Beinen und Masken. Rund 3 000 solcher Ersatzteile lagern in der Klinik, schätzt Peter Groß.

Egal, ob Marionetten oder Schaufensterpuppen, solche aus Stoff, besonders empfindliche Exemplare aus Wachs oder Porzellan, eigentlich robuste, aber vom Zahn der Zeit nicht verschont gebliebene Zelluloidpuppen von Schildkröt oder moderne Puppen, Peter Groß kann sie wieder kurieren. In seiner Puppenklinik am Unschlittplatz (siehe Seite 26), inmitten der Altstadt und unweit des Henkerstegs (siehe Seite 20) gelegen, repariert er zudem Teddybären, Puppenstuben, Kaufläden und anderes antikes Spielzeug. Bei der »Operation« benutzt er Skalpell und Venenzange, ähnlich wie ein echter Chirurg. Nach der OP gibt es außer dem kurierten Liebling auch ein Zertifikat mit einem Vorher-Nachher-Foto. Die Patienten werden dabei nicht nur aus ganz Deutschland, sondern aus der ganzen Welt nach Nürnberg geschickt.

Während man auf die Reparatur oder, besser gesagt, Genesung seines geliebten Teddybären wartet, kann man im angegliederten *Puppendoktor Café* die Nerven mit einer Tasse Kaffee und einem Stück vom »Kuchen des Tages« beruhigen.

Wer nichts zum Verarzten hat, kommt trotzdem in die Puppenklinik – zum Schauen oder Kaufen. Der Renner bei amerikanischen oder russischen Touristen sind Puppen – wer hätte es erwartet – in Trachten. *SW*

In der Puppenklinik von Peter Groß wird sich selbst um die kleinsten Patienten gekümmert.

Frau Puckmann, Weißgerbergasse 22, 90403 Nürnberg,
Tel. 0173-3 62 69 18, www.das-buchkontor.de,
Öffnungszeiten Di–Fr 10.00–18.00, Sa 10.00–16.00 Uhr.

Die Weißgerbergasse ist Teil der Historischen Meile
Nürnberg, www.historische-meile.nuernberg.de

Grußkarten, Schmuckpapier und edle Kästchen aus eigener Werkstatt

Frau Puckmann liebt Papier. Den seidig weichen Griff eines Bogens mit hohem Baumwollanteil genauso wie den Glanz wertvoller japanischer Lackpapiere. Hoshi, Katazome und Urushi heißen die Schätze, die in tiefen Schubladen liegen. Bis Frau Puckmann eine Idee hat – für eine neue Karte, ein besonders schönes Kästchen oder einen edlen Bucheinband. Dann räumt sie den Arbeitstisch frei, nimmt Messer und Lochstecher von der Magnetleiste. Los geht's. »Ich bin kein Künstler, aber ich mache schöne Sachen«, sagt Monika Puckmann.

Grußkarten im Langformat, die von Seidenbändchen gehalten werden, und Zauberkarten, die sich auf unerklärliche Weise klappen lassen, Bilderrahmen oder Büromappen, denen ein schöner Einband besonderen Pfiff verleiht. Als Vorlage dienen Frau Puckmann oft alte Bücher. Hochglänzende Fotobände, in denen Filmstars und das süße Leben der Fünfziger festgehalten wurden. Werke mit historischen Stichen und Landkarten. So einfach – und doch nicht ganz leicht. Denn es braucht den speziellen Blick, um diese Schätze zu entdecken, den richtigen Ausschnitt zu wählen und ausgemusterten Seiten ein zweites, schönes Leben zu schenken.

All dies geschieht in dem schmalen Werkstattladen in der Weißgerbergasse, in dem Frau Puckmann seit neun Jahren schafft. Ihr persönlicher »Weltrekord in Sesshaftigkeit«. Zuvor war sie Antiquarin, bestückte Büchermärkte und Ausstellungen, baute in Hamburg eine Internetplattform mit auf, kam zurück nach Nürnberg und führte ein kleines Antiquariat. Dann machte sie einen Buchbindekurs und restauriert seither auch verletzte und vernachlässigte Bücher – mit viel Hingabe, Spezialwissen und einem großen Topf Leim. Dem 18-bändigen Meyers Konversationslexikon hat sie schon den Rücken gestärkt und vielgeliebte Kochbücher und Kinderbücher, die in manchen Familien über Generationen vererbt werden, für den weiteren Gebrauch ertüchtigt. »Schön, nicht?«, sagt sie und streicht mit der flachen Hand sanft über den Einband.

Den schmalen Laden im Fachwerkhaus von 1528 hat sie ganz nach den eigenen Bedürfnissen eingerichtet, gelegentlich gehen ihr zwei Studentinnen zur Hand. Immer Neues fällt Frau Puckmann ein, denn »ich darf mich nicht langweilen«. Schon ist wieder eine neue Karte in Arbeit. Eine wie die mit der schönen Aufschrift: »Es gibt Augenblicke, in denen eine Rose wichtiger ist als ein Stück Brot.« *GP*

In ihrer Werkstatt verhilft Frau Puckmann alten Büchern zu neuem Leben.

Karin Dütz Scherenschnittstudio,
Albrecht-Dürer-Straße 13, 90403 Nürnberg,
Tel. 0911-2 44 74 83, www.scherenschnitt-karten.de,
Öffnungszeiten Di–Fr 13.00–18.00 Uhr und nach
Vereinbarung.

Restaurant Prison Saint Michel, Irrerstraße 2,
90403 Nürnberg, Tel. 0911-22 11 91,
Öffnungszeiten tägl. 19.00–1.00 Uhr.

In einem Blatt schwarzen Papiers steckt so einiges: eine Dorfland-schaft zum Beispiel, Blumen oder Bäume, ein Brautpaar, eine baye-rische Blaskapelle, Pianisten oder Dirigenten, Schlösser, Hexen oder Kobolde. Wer in schwarzem Papier jedoch nur schwarz sieht, sollte dem Scherenschnittstudio in der Nürnberger Altstadt einen Besuch abstatten. Schon das Studio-Schild – eine Schere und die Umrisse ei-nes Kopfes in Scherenschnitt-Optik – ist ein echter Hingucker und liefert einen ersten Vorgeschmack darauf, was sich in dem schmalen, romantischen Fachwerkhäuschen verbirgt.

In dem kleinen Laden reihen sich schwarze Porträts auf weißem Grund an Tierbilder und Collagen an Grußkarten mit den feinen Silhouetten. Seit mehr als 30 Jahren fertigt Inhaberin Karin Dütz Schattenrisse. 1970 begann die gelernte Zahnarzthelferin mit dieser Schnittkunst aus China, acht Jahre später machte sie ihr Hobby zum Beruf. Seitdem sind ihre Scherenschnitte auf der ganzen Welt gefragt. Nicht nur Kunstliebhaber sowie Touristen aus Spanien, Russland, Ja-pan oder den USA haben ihre Freude an den schwarzweißen Motiven, auch Firmen aus ganz Deutschland und Europa heuern die Künstle-rin für ihre Veranstaltungen an.

In ihrem kleinen Laden findet sich ein ganzes Sammelsurium an historischen Scheren und im Studio ein Stockwerk darüber eine be-eindruckende Auswahl ihrer Werke. Regelmäßig stellen dort auch andere Künstler ihre Schattenrisse aus. Übrigens: Die Bezeichnung »Silhouette« für Schattenrisse, aber auch als Synonym für Billigwa-ren, geht auf den einstigen französischen Finanzminister Étienne de Silhouette (1709–1767) zurück. Ihm wurde nachgesagt, dass er sein Haus aus reinem Geiz mit schwarzen Scherenschnitten anstelle farbi-ger Bilder zieren ließ.

Während die schnittigen Werke in jener Zeit als minderwertige Kunst verrufen waren, sind sie heute ein einzigartiges, schnell erschaf-fenes Andenken. In weniger als zehn Minuten zaubert Karin Dütz aus schwarzem DIN-A4-Papier ein Porträt, das nicht jeder hat. Auf Anfra-ge gibt sie ihr Wissen auch gerne in kleinen Workshops weiter: Vor-kenntnisse sind zwar willkommen aber nicht notwendig.

In Gedenken an Monsieur de Silhouette kann man danach auch gleich die französische Küche ehren und ins Restaurant *Prison Saint Michel* gehen, um wie Gott in Frankreich zu moderaten Preisen zu schlemmen. *SW*

Karin Dütz lässt in ihrem Studio die Kunst des Scherenschnitts wieder aufleben.

Der Senfladen

ⓘ Der Senfladen, Bergstraße 27, 90403 Nürnberg,
Tel. 0911-3 94 49 77, www. senf-laden.de,
Öffnungszeiten Di–Fr 10.00–18.00, Sa 11.00–18.00 Uhr.

Im Schaufenster steht ein Spielzeug-Riesenrad aus bemaltem Holz. In seinen Gondeln sitzen fett, voll und gelb – Senftöpfe. Es hat schon einen besonderen Charme, in unserer Welt der Supermärkte mit ihrem Rundum-Versorgungsangebot von der Unterhose über das Schnitzel bis hin zur Vitaminpille in einen Laden zu treten, in dem sich alles nur um ein einziges Produkt dreht: den Senf – oder auch Senft, wie er in Franken liebevoll mit einem (ausnahmsweise) hartem T ausgesprochen wird. Über 200 Sorten der Gewürzpaste füllen in Elke Kokotts Laden die dunklen Holzregale. Coleman's, die Monschauer und die Schwerter Senfmühle, die *Hausbrauerei Altstadthof* (siehe Seite 36) und zahlreiche andere Hersteller von Nah und Fern bieten in Kombination mit der scharfen Saat alles an, was man sich an Essbarem nur ausdenken kann: Gummibärchen-Senf, Kaffee-Espresso-Senf, Melonen-Senf, Haselnuss-Kräuter-Senf und viele weitere Exoten.

Sieht man sich ein wenig um, entdeckt man auch ganz besondere Kuriositäten: den Hartz-IV-Senf »für den kleinen Geldbeutel«, hochprozentiger Senfgeist, belgische Senfpralinen, Senfkochbücher und in Senföl marinierte Trockenfrüchte. Außerdem erhält man in dem vom Verein Erlebnis Nürnberg e. V. mit dem Prädikat »Meisterhändler« ausgezeichneten Fachgeschäft auch über 100 weitere Gewürze und Gewürzmischungen aus biologischem Anbau.

Und dann gibt es da noch die Ecke mit den ganz harten Sachen: Blair's Soßen sind superscharf. Man misst den Schärfegrad in Scoville – und die stärkste der Mischungen erreicht einen Wert von 2 000 000 Punkten auf der Scoville-Skala. Wie viel das ist? Zum Vergleich: Handelsübliche Tabascosauce hat nur etwa 2 500–5 000 Scoville aufzubieten. Die Inhaberin hat also aus gutem Grund ein Warnschild über das entsprechende Regalbrett gehängt: »Verzehr auf eigene Gefahr.« Namen wie Ass-Reaper, Inferno Hot Sauce oder Ghost Pepper sprechen für sich.

Wer sich – zu unvorsichtig – den Magen damit verderben sollte, kann Senf auch als Heilmittel einsetzen. Über die Wirkungen, Geschichte und Verarbeitungsweise des Gewürzes wird in Senfschulungen informiert. Gruppen von bis zu zehn Personen werden im Laden verköstigt oder können an hauseigenen Kochkursen teilnehmen. Und wer einfach nur Hunger auf eine echte Nürnberger Rostbratwurst hat, der kommt auch nicht zu kurz. In der zum Laden gehörigen Imbissecke gibt es die Originale. Frisch, heiß und mit Senf. *HA*

Hinterhofflohmärkte

Liebenswert, aber nicht mehr ganz neu, sucht passenden Besitzer

Wenn die Wielandstraße von roten Luftballons gesäumt ist, dann ist wieder Flohmarktzeit. Nicht nur hier, sondern im gesamten Nürnberger Stadtteil St. Johannis leuchten die Ballons an Gartenzäunen und Türeingängen, als Erkennungszeichen, dass auch in diesem Haus heute getrödelt wird. Die Hinterhofflohmärkte, die sich inzwischen in vielen deutschen Städten immer größerer Beliebtheit erfreuen, laden zum fröhlichen Bieten und Feilschen ein. Von der Hufelandstraße im Norden bis zur Kleinweidenmühle im Süden, von der Schnieglinger Straße im Westen bis zur Bucher Straße im Osten erstreckt sich das Trödelgebiet in »Johannis«. Und jedes Jahr werden es mehr Anwohner, die beherzt ihren Speicher oder Keller entrümpeln, um ihre alten Schätze zum Verkauf anzubieten. Egal ob in der Garage, in der Hofeinfahrt oder eben im schön begrünten Hinterhof, immer gibt es irgendwo ein wenig Platz, wo man einen Tisch aufstellen und sein Hab und Gut feilbieten kann.

Da wechselt ein defektes Kofferradio für wenige Euro kurz und bündig den Besitzer, während man sich bei der angestaubten Trompete nicht auf einen Preis einigen kann. Ein antiquiertes Märchenbuch mit leichten Eselsohren entlockt dem Finder einen Freudenschrei, indes die Hausbewohnerin einen Seufzer der Erleichterung ausstößt, weil die goldverzierten Porzellantassen aus Omas Nachlass endlich einen Käufer gefunden haben. Nicht selten mündet das Trödelgeschäft in einen gemütlichen Plausch bei Kaffee und Kuchen, denn die Atmosphäre auf den Hinterhofflohmärkten ist eine ganz besondere. Für den Besucher von außerhalb lassen sich so manche erstaunte Blicke in wunderschöne Blumenoasen hinter den Jugendstilfassaden erhaschen. Und die Anwohner selbst freuen sich, bei dieser Gelegenheit zwischen Feilschen und Bieten immer wieder neue Nachbarn aus der Umgebung kennenzulernen.

Mittlerweile ist nicht nur in St. Johannis das Trödelfieber ausgebrochen. In nicht weniger als zehn Nürnberger Stadtteilen – von Gostenhof (siehe Seite 84) bis Maxfeld, von Gleißhammer bis nach Hummelstein (siehe Seite 124) – organisieren Anwohner die beliebten Hofflohmärkte und stellen zwischen Mai und September ihre angesammelten Kostbarkeiten auf die Straße. Wenn das kein Grund ist, sich mal wieder auf die Suche nach einem kuriosen Fundstück zu machen! *SS*

Das Verhandeln will gelernt sein, geht es um Kauf und Verkauf solch auserlesener Trödelwaren.

ⓘ Wochenmarkt Kobergerplatz, 90408 Nürnberg,
www.maerkte.nuernberg.de (unter »Wochenmärkte«),
Marktzeit Fr 8.00–18.00 Uhr.

Frida Kahlo – Art-Café-Bar-Food, Pleydenwurffstraße 1,
90408 Nürnberg, Tel. 0911-56 83 64 34,
www.cafe-fridakahlo.de, Öffnungszeiten
Mo–Sa 17.00–1.00, Biergarten ab 15.00 Uhr
(bei schönem Wetter).

Wochenmarkt am Kobergerplatz
Ein Plausch zwischen Paprika und Primeln

Wenn freitagmorgens die Glocken von St. Martin läuten, heißt es Endspurt auf dem Kobergerplatz. Dann werden die letzten Früchte aus den Kisten gepackt, der letzte Schinken aufgehängt, bevor die ersten Kunden in ein Duftmeer aus Blumen, frischgebackenem Brot und geräuchertem Fisch eintauchen. Denn um Punkt acht Uhr beginnt nicht nur der Gottesdienst in der Kirche ganz in der Nähe, sondern auch der Wochenmarkt.

15 Stände schmiegen sich jeden Freitag unter rot-weiß gestreiften Schirmen auf dem Platz im Nürnberger Norden aneinander. Sie sind voll mit Blumen, Obst, Gemüse, Käse, Wurst und Fleisch aus eigener Herstellung, Milch, Eier, Fisch, alle zwei Wochen über 40 Sorten Marmelade, Brot und Kuchen – alles frische Ware von Erzeugern aus der Region und zwar alles Bio. Und das nicht erst seit Bio Trend ist. Die Nordstädter waren dem heutigen Ökobewusstsein voraus. Als nämlich Anfang der 1980er-Jahre Wochenmärkte als Auslaufmodelle galten und die Verbraucher lieber die Discounter stürmten, holten sich die Anwohner auf eigene Initiative hin einmal pro Woche Händler aus der Fränkischen Schweiz ins Viertel. Der Wochenmarkt am Kobergerplatz war geboren.

Unter den Nürnberger Wochenmärkten gilt er als etwas Besonderes. Das mag an seiner Größe liegen: Mit seinen 123 Quadratmetern ist der »Kobi« im Vergleich zum berühmten Hauptmarkt im Zentrum der Altstadt geradezu winzig. Oder vielleicht eben doch an seinem ländlichen Charme mit dem Vogelgezwitscher und dem Plätschern des Springbrunnens. Kein Wunder, dass der Nordstädter nicht nur zum Einkaufen dorthin geht, sondern auch zum Ratschen. Seit Anbeginn hat sich der Markt zum beliebten Treffpunkt der Anwohner entwickelt. Selbst wer hier einmal weggezogen ist, lässt bei einem Besuch einen Zwischenstopp auf dem Kobergerplatz nicht aus. Schließlich trifft man dort alte Bekannte und tauscht Neuigkeiten aus. Auf dem »Kobi« weht eben doch ein ganz anderer Wind – ein bisschen Dorfluft mitten in der Stadt.

Und falls man hinterher den Einkaufsbummel auf erholsame Weise abschließen möchte, kann man das im *Café Frida Kahlo* tun, das ebenso surrealistisch-farbenfroh wie die Bilder der namensgebenden mexikanischen Künstlerin daher kommt. Umgeben vom künstlerischen Flair lassen sich mediterrane Küche, fruchtige Cocktails und der Biergarten unter geschmückten Kastanien am besten genießen. *SW*

Der Markt auf dem Kobergerplatz ist *die* Adresse in der Nordstadt für frische, regionale Waren.

FÜRTH

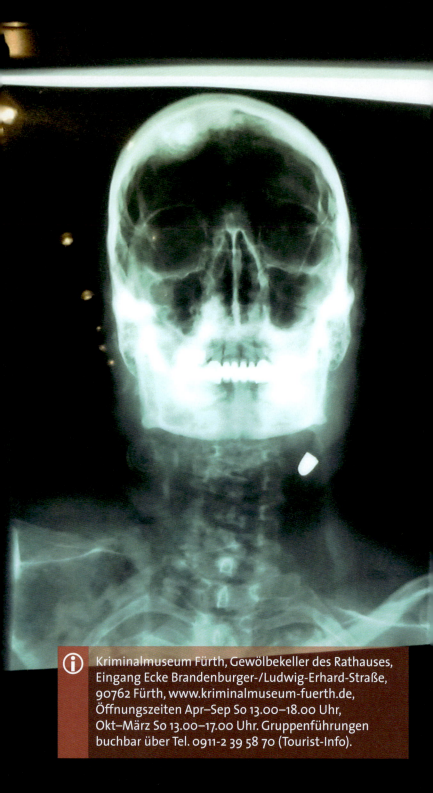

Kriminalmuseum Fürth, Gewölbekeller des Rathauses, Eingang Ecke Brandenburger-/Ludwig-Erhard-Straße, 90762 Fürth, www.kriminalmuseum-fuerth.de, Öffnungszeiten Apr–Sep So 13.00–18.00 Uhr, Okt–März So 13.00–17.00 Uhr. Gruppenführungen buchbar über Tel. 0911-2 39 58 70 (Tourist-Info).

Das Kriminalmuseum Fürth stellt echte Fälle nach

Alles fängt ganz harmlos an. Abzeichen, Handschellen, Schlagstock und der Blick in die Geschichte der Fürther Polizei sind jedoch nur der Auftakt für »Krawalle, Kriminelles und Katastrophen« im Kriminalmuseum Fürth.

Das Besondere: Im kühlen Gewölbekeller unter dem Rathaus sind in zehn Räumen echte Fälle detailliert dargestellt. Dafür hat der Initiator des Krimi-Museums, Richter Dr. Stephan Popp, Gerichtsakten aus 200 Jahren gewälzt – und ist fündig geworden. 1920 etwa wurden die 44-jährige Rechtsanwaltswitwe Maria Gring und ihr Untermieter, ein 52-jähriger Schmiedemeister, in der Spiegelstraße erstochen. Die Täter flohen mit 15 000 Mark Bargeld und Brillantringen, die sie der Toten von den Fingern zogen. Das Verbrechen ist bis heute ungeklärt.

Oder der Vatermord in Poppenreuth, das Arsen im Blaukraut, das Käthe L. ihrem Gatten verabreichte, und der Raubmord in der *Gaststätte Zur Waldlust* – sie alle werden in sachlichem Tonfall geschildert. Denn die Museumsgestalter folgen einer Prämisse: Sie wollen ihr Publikum aufklären, statt es mit reißerischen Schilderungen in Schrecken zu versetzen.

Verschiedene Räume sind der Information über Falschgeld, Rechtsradikalismus und erlaubte sowie verbotene Waffen, über Drogenkonsum – auch eine Drogenküche ist nachgestellt – oder die gewalttätigen Bierkrawalle im 19. Jahrhundert gewidmet. Die Spannung steigt, je tiefer Besucher in das Museum vordringen. Ein blutender Mann am Boden, neben ihm der geöffnete Tresor – der Tatort eines Raubmordes ist bis hin zum rot-weißen Absperrband lebensecht nachgestellt.

Auch an den Fall Carla wird erinnert. Die Zwölfjährige aus Wilhermsdorf war im Januar 1998 missbraucht und in einem Weiher abgelegt worden, sie starb wenige Tage nach der Tat. Eine 80-köpfige Sonderkommission fahndete fieberhaft und wertete Tausende Spuren aus. Der Täter wurde schließlich anhand seiner DNA an drei Zigarettenkippen überführt. »Wenn ich die Bilder sehe«, gesteht eine Besucherin, »erinnere ich mich wieder.«

Mehr als 7 000 Interessierte haben das Kriminalmuseum seit der Eröffnung 2010 besucht, sie genießen die Verbindung von leichtem Schauder und lokaler Geschichte. Selbst Kinder können hier – in einer speziellen Führung der Fürther Tourist-Info – auf Verbrecherjagd gehen. *GP*

Das Kriminalmuseum gibt faszinierende Einblicke in 200 Jahre Fürther Polizeigeschichte.

Jüdisches Museum Franken, Königstraße 89, 90762 Fürth, Tel. 0911-9 77 48 53 (Kasse), www.juedisches-museum.org, Öffnungszeiten Di 10.00–20.00, Mi–So 10.00–17.00 Uhr.

Etwas Geheimnisvolles hat diese Treppe aus rohem Stein schon; aus einem modernen, ein wenig steril wirkenden Museumsgang führt sie hinunter in die Tiefe einer anderen Zeit und einer Kultur, die den meisten von uns fremd ist. Fremd nicht nur, weil das Judentum eine uralte Religion mit ihren eigenen archaischen Regeln und Ritualen ist, sondern fremd auch wegen der Vergangenheit, die den Umgang miteinander oft unbehaglich werden lässt, ein Suchen nach Normalität, die sich auch heute noch oft schwierig gestaltet.

Neun Meter unter der Erde befindet sich im Jüdischen Museum ein rituelles Reinigungsbad (»Mikwe«), vier Stockwerke höher eine traditionelle Laubhütte (»Sukka«), sodass die Reise durch die jüdische Geschichte in Franken auch (be-)greifbar wird. Das Gebäude aus dem frühen 18. Jahrhundert war lange Zeit das Wohnhaus jüdischer Familien, etwa des Buchdruckers Hirsch Fromm, und ist somit selbst Teil der Ausstellung, indem es den Besuchern ein Leben zwischen Reinheitsgeboten, Tradition und Assimilation näherbringt. Durch viele Räume und über viele Treppen hinweg erschließt man sich Stationen der fränkisch-jüdischen Geschichte: Wie Fürth mit seinen drei Herren sich zu einem Zentrum des Judentums entwickelte, zum »fränkischen Jerusalem« mit Synagoge, Friedhof und reichen jüdischen Unternehmern. Wie die Katastrophe der Shoah, der Vernichtung der Juden während der Nazizeit, diese Geschichte brutal unterbrochen hat. Wie berühmte Persönlichkeiten, Heinrich Berolzheimer etwa, einer der vielen jüdischen Stifter, das Stadtbild mit den von ihnen (mit-) finanzierten Bauten, darunter das Stadttheater und der Centaurenbrunnen auf dem Bahnhofsplatz, geprägt haben. Zahlreiche Exponate vermitteln schließlich auch Informationen über die Vielgestaltigkeit des modernen Judentums. Denn das besteht ja keineswegs nur aus den in den Medien überproportional vertretenen orthodoxen Juden mit Schläfenlocken, sondern auch aus liberalen Gemeinden, denen Rabbinerinnen vorstehen, und vor allem aus Individuen auf persönlicher Gratwanderung zwischen Tradition und Moderne.

Wer nach dem Museumsbesuch erst richtig Appetit darauf bekommen hat, mehr über Juden in Franken oder über das Judentum an sich zu erfahren, der kann sich im Erdgeschoss mit reichlich Literatur zum Thema versorgen – oder sich im angegliederten Café koscheren Wein bestellen, damit das Erfahrene nicht nur im Kopf bleibt, sondern auch eine Sache des Erlebens wird. *SA*

Nur wenige Schritte vom Fürther Rathaus entfernt liegt das Jüdische Museum.

Ensemble Hornschuchpromenade/Königswarterstraße, 90762 Fürth.

Spaziergang durch die Fürther Prachtpromenade, Informationen und Termine unter Tel. 0911-2 39 58 70 (Tourist-Info) oder auf der Website www.fuerth.de (unter »Tourismus« > »Stadtspaziergänge« > »Fürth für Fortgeschrittene«).

Als 1835 die erste deutsche Eisenbahn, der Adler, die Strecke zwischen Nürnberg und Fürth zurücklegte, galt als schick und modern, was heute aus Lärmschutzgründen eher ein Standortnachteil wäre: wohnen an der Eisenbahn. Wer Geld hatte und etwas auf sich hielt, ließ sich ein repräsentatives Stadthaus quasi direkt neben die Gleise der Ludwigseisenbahn bauen. So entstand im letzten Drittel des 19. und zu Beginn des 20. Jahrhunderts die Fürther Hornschuchpromenade, die mit dazu beigetragen hat, der Stadt ihren stolz getragenen Titel als »Denkmalstadt« zu verschaffen. Tatsächlich ist die Denkmaldichte in Fürth eine der höchsten im bayerischen Freistaat; bemerkenswert sind aber vor allem geschlossene Denkmalensemble wie die der Hornschuchpromenade und der parallel dazu liegenden Königswarterstraße, die ursprünglich schlicht »Bahnhofsstraße« hieß. Ihre heutigen Bezeichnungen verweisen auf den Fürther Unternehmer Christian Heinrich Hornschuch und den jüdischen Bankier und Stifter Wilhelm Königswarter, der sein Vermögen der Stadt hinterließ und dessen Denkmal im Fürther Stadtpark (siehe Seite 182) zu finden ist.

Wo früher die Schienen des Adlers verliefen, wurde seither eine ruhige, parkähnliche Schneise geschaffen, an deren Seiten sich ein prächtiges Gründerzeithaus an das andere reiht, fast alle viergeschossig, mit der vornehmen »bel étage«, der mit Stuck und vielen Verzierungen versehenen ersten Etage, mit geschwungenen Treppenaufgängen, mit Erkern, schmiedeeisernen Balkonen und ausgefallenen Türmen. Im Krieg blieben die beiden Straßen weitgehend unversehrt, und so bietet sich dem Fürther Besucher ein Gang durch eine andere Welt, eine Welt der Schönheit, der Verspieltheit, aber auch des Protzens mit dem eigenen Reichtum und Status.

Wer Fürth als Denkmalstadt kennenlernen möchte, darf sich den Spaziergang stadtauswärts Richtung Nürnberg entlang der heutigen Willy-Brandt-Anlage nicht entgehen lassen. Bewohnt werden die Häuser auch heute noch, und wie zur Gründerzeit handelt es sich um eine der beliebtesten Wohnlagen der Stadt, wenn auch heute eher die Ruhe der Parkanlage als der aufwühlende Lärm und Gestank der Eisenbahn geschätzt werden. Zuweilen findet man eine offene Haustür vor, dadurch erschließt sich einem auch ein kleiner Blick ins Innere der Häuser, und dann verblassen selbst die beeindruckenden Fassaden vor der Pracht bunter Mosaike und Wandmalereien in den repräsentativen Treppenhäusern. *SA*

Die Hornschuchpromenade – nach wie vor einer der beliebtesten Wohnstandorte in Fürth.

Rundfunkmuseum Fürth, Kurgartenstraße 37, 90762 Fürth, Tel. 0911-7 56 81 10, www.rundfunkmuseum.fuerth.de, Öffnungszeiten Di–Fr 12.00–17.00, Sa, So und Fei 10.00–17.00 Uhr. Am erstern Do im Monat zusätzlich 12.00–22.00 Uhr.

Rundfunk, das klingt so technisch. Dabei geht es im Rundfunkmuseum vor allem um Emotionen. Schmusige Elvis-Songs, das Wohnzimmer der Eltern, die Sirenen beim Fliegeralarm und der erste MP3-Player – all das findet sich hier. »Wir zeichnen die Alltagsgeschichte unserer Besucher nach. Die Leute müssen kommunizieren mit ihrer Vergangenheit«, sagt Museumsgründer Gerd Walther. Natürlich gibt es Exponate, rund 3000 sogar. Angefangen bei der Serinette, einer Hand-Drehorgel aus der zweiten Hälfte des 18. Jahrhunderts, mit der Vogelhändler ihren Tieren Melodien beibrachten, bis zum digitalen DAB-Plus Radio aus dem Jahr 2013.

Eingebettet sind die Geräte jedoch immer in ihren gesellschaftlichen Zusammenhang: Der Volksempfänger etwa in die beklemmend düstere Umgebung der Luftschutzkeller, ein Musikschrank in die Nierentisch-Gemütlichkeit der Fünfzigerjahre, und den 3-D-Fernseher gibt es auch als Aquarium. »Das Bild entsteht nicht im Auge, das Bild entsteht im Hirn – und die Musik auch«, ist Gerd Walther überzeugt. Historische Fotografien, *Bravo*-Hefte, lebensgroße Starschnitte und Jukeboxen tippen die Gefühle an. Ah, damals – erinnerst du dich?

19000 Besucher jährlich lassen sich mitnehmen auf diese Reise von der Vergangenheit in die Gegenwart, lernen dabei auch Max Grundig (1908–1989) kennen. Die Rundfunk- und Unternehmerlegende aus Fürth steht als Pappkamerad lebensgroß in der Nachbildung seines ersten Ladens in der Sternstraße, die heute nach dem Vater des Wirtschaftswunders benannt ist, der in dieser Straße geboren wurde: Ludwig Erhard. Anfänglich eine Reparaturwerkstatt, entwickelte Grundig nach dem Zweiten Weltkrieg den »Heinzelmann« – ein Radio, das der Käufer selbst zusammensetzen konnte – und baute auf zahlreichen weiteren Entwicklungen einen internationalen Konzern mit über 38000 Mitarbeitern auf. 2003 ging Grundig in Insolvenz.

Schon 2001 war das Rundfunkmuseum in die ehemalige Direktion auf dem Gelände der Grundig-Hauptverwaltung – der heutigen Uferstadt – gezogen, aus dem früheren Chefbüro wurde das heutige Café. Dieses kann übrigens für Geburtstags- und andere Feiern gemietet werden, die Gäste dürfen sich ganz frei im Haus umschauen. Nicht wenige stellen sich an die Jukebox, Arme aufgestützt, den Blick versonnen auf die angeschriebenen Songs gerichtet … Fühlt sich ganz so an wie früher. *GP*

Das Rundfunkmuseum Fürth vermittelt Radio-
und Fernsehgeschichte zum Anfassen.

Galerie der unbekannten Künstler, Gustavstraße 54,
90762 Fürth, Tel. 0911-3 92 52 71, www.galerie-duk.de,
Öffnungszeiten Di–Fr 10.00–18.00, Sa 10.00–14.00 Uhr.

Ein Herz für Bilder, eine Heimat für Künstler

Ist man nicht gerade in der Kunstszene zu Hause, lernt man eher selten professionelle Maler kennen. Das liegt vielleicht daran, dass die bildende Kunst ein sehr hartes Brot in unserer nüchternen Gesellschaft ist. Die autodidaktisch gebildete Malerin Tina Friesland hatte auch einen Brotberuf, ehe sie 2010 einen Traum verwirklichte und der Schönheit, der Farbigkeit, dem Duft nach Terpentin und dem sanften Schwung des Pinsels ihr Leben widmete. »Ich weiß, wie schwer es für unbekannte Maler ist, eine Möglichkeit zu bekommen, ihre Werke auszustellen«, verrät sie. Deshalb gründete sie in einem lichtdurchfluteten Ladenlokal im Schatten der Michaeliskirche (siehe Seite 160) ihre Galerie der unbekannten Künstler – kurz und knapp, aber nichtsdestotrotz zärtlich, »Galerie DUK« genannt.

In vier Räumen sieht man kaum das Weiß der Wände: Bilder aller Stilrichtungen hängen hier dicht gedrängt zum Betrachten und zum Verkauf. Die Preise reichen von 30 bis 300 Euro. Die Galerie, in der neben mehr als 40 Fürther Malern auch Gäste aus Berlin oder anderen Kulturkreisen wie Brasilien und Russland ausstellen, ist aber keineswegs ein langweiliges, stummes Museum. Im Gegenteil: Alle drei Monate kann man beim »Bilderwechsel« Mäzenen, Interessierten und Künstlern die Hand drücken – oder Letzteren bei der Arbeit zusehen. Bei gutem Wetter schmücken dann Schirme, Girlanden, Staffeleien und kleine Tischchen den Platz vor dem grünen Haus.

Wer selber den Pinsel in die Hand nehmen will, dem bietet die Galerie Malkurse an, vorwiegend im Sommer. In kleinen Gruppen – gerne auch Eltern mit ihren Kindern – sitzt man dann im Hinterhof des Hauses, der selbst wie ein südländisch, pittoreskes Gemälde anmutet. Hier finden zu ausgewählten Gelegenheiten auch Feste statt, bei denen sich die Klänge der Livemusik mit den Eindrücken der Bilder vermischen. Aber auch an ganz normalen Tagen hat die Galerie geöffnet. Die Zeit dort nutzt Tina Friesland gerne, um selbst zu malen. Zum Beispiel ihre »Weibsbilder«, erotisch-ironische Frauenporträts zwischen Comic und Pop-Art. Manchmal sieht man auch auf seinem Liegestuhl mitten im Ausstellungsraum den Maler Christian Petrausch, den die Gespräche um ihn herum nicht im Geringsten aus der Ruhe bringen. Er hat eine Leinwand auf dem Schoß und die Palette in der Hand, und seine Augen sind auf Küsten ferner Länder gerichtet. Seine fantastischen Bilder machen neugierig – auch auf den Künstler selbst, der über der Galerie wohnt und die Malkurse im Sommer leitet. *HA*

Die Galerie DUK bietet nicht nur lokalen
Nachwuchskünstlern eine Plattform.

Auferstehungskirche, Otto-Seeling-Promenade 7,
90762 Fürth, Tel. 0911-7 49 99 00 (Pfarramt),
www.auferstehungskirche-fuerth.de, Öffnungszeiten
tägl. 10.00–16.00 Uhr. Im Sommer tägl. bis 18.00 Uhr.

St. Michael, Kirchenplatz, 90762 Fürth, Tel. 0911-77 04 05
(Pfarramt), www.stmichael-fuerth.de, Öffnungszeiten
tägl. 9.00 Uhr bis Sonnenuntergang.

»Unsere liebe Frau«, Königstraße 126, 90762 Fürth,
Tel. 0911-77 00 30 (Pfarramt), www.ulf-fuerth.de.vu,
Öffnungszeiten Mo–Fr 9.00–17.30, Sa 9.00–18.30,
So 9.00–17.30 Uhr.

Mehr auf www.kirchenmusik-fuerth.de

Kirchen gehören zwar zum absoluten Sightseeingprogramm für Touristen, sind aber doch nicht jedermanns Sache. Ebenso die Kirchenmusik. Verstaubt möglicherweise, Ausdruck einer obsolet gewordenen Weltanschauung, allenfalls zur Weihnachtszeit noch akzeptabel. Und dann heißt es »Weihnachtsoratorium«, denn an Johann Sebastian Bach führt natürlich kein Weg vorbei. Doch jenseits von »Jauchzet! Frohlocket!« hören sowohl Interesse als auch Kenntnisse in Sachen Kirchenmusik bei vielen auf. Dabei hat die Musikgeschichte so viel mehr zu bieten. Wer sich darauf einlässt, dem wird alles andere als Staub um die Ohren geweht – ganz zu schweigen von den Klängen, die es (nicht nur) in den Fürther Kirchen zu hören gibt.

Verantwortlich zeichnen sich unter anderem die Kantorinnen Sirka Schwartz-Uppendieck und Ingeborg Schilffarth. Mit den Komponistinnenkonzerten prägen sie einen wichtigen Teil der lokalen Kirchenmusikszene. Hier wird vergessenen Musikerinnen vergangener Zeiten ebenso wie Uraufführungen moderner Komponistinnen ein Forum geboten. Klassische Musik ist eben nicht die Männerdomäne, als die sie – auch in Zeiten der Emanzipation – häufig präsentiert wird. Im 21. Jahrhundert finden sich eher unbekannte Namen wie Nancy Telfer und Lilia Margarita Vázquez im Programm. Doch selbst lange vor Clara Schumann und Alma Mahler gab es bereits komponierende Frauen: wie Élisabeth Jacquet de La Guerre, die als erste Frau des Barock eine französische Oper schrieb.

Wenn mit dem November die stillste, aber auch düsterste Zeit des Jahres beginnt, bringen die Kirchenmusiktage Kulturgenuss der ruhigen Art in die erlebnisarme Periode zwischen Open-Air-Festivals und Weihnachtstrubel. Natürlich kann man da Oratorien und Orgelkonzerte erleben, aber in einigen Kirchen der Stadt gibt es auch andere Veranstaltungen – da werden Judentum und Christentum in der Musikgeschichte beleuchtet, da dürfen die Kleinsten Kirchenmusik auf kindgerechte Weise erleben, da ist vom Jazz bis zum Bänkelsang alles vertreten, was (Kirchen-)musik im weitesten Sinne heißen kann. Und dazu lernt man die Kirchen vor Ort kennen – nicht so berühmt wie die der Nachbarstadt vielleicht, aber auf ihre Weise einen Besuch wert: so die klassizistische Architektur der Auferstehungskirche im Fürther Stadtpark (siehe Seite 182), St. Michael, die älteste noch erhaltene Kirche der Stadt, oder die markante Silhouette der katholischen Stadtpfarrkirche »Unsere liebe Frau« gegenüber dem Stadttheater. *SA*

Ingeborg Schilffarth und Sirka Schwartz-Uppendieck
(von links) ehren die Tradition komponierender Frauen.

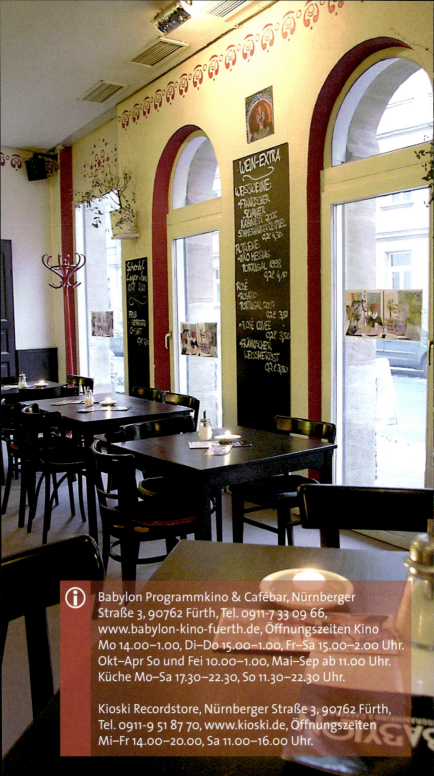

Babylon Programmkino & Cafébar, Nürnberger Straße 3, 90762 Fürth, Tel. 0911-7 33 09 66, www.babylon-kino-fuerth.de, Öffnungszeiten Kino Mo 14.00–1.00, Di–Do 15.00–1.00, Fr–Sa 15.00–2.00 Uhr. Okt–Apr So und Fei 10.00–1.00, Mai–Sep ab 11.00 Uhr. Küche Mo–Sa 17.30–22.30, So 11.30–22.30 Uhr.

Kioski Recordstore, Nürnberger Straße 3, 90762 Fürth, Tel. 0911-9 51 87 70, www.kioski.de, Öffnungszeiten Mi–Fr 14.00–20.00, Sa 11.00–16.00 Uhr.

Kinotradition und Fürther Lebensart

Die Wirtschaftswunderzeiten, in denen Fürth mit über 13 Kinos auf-
zuwarten hatte, sind vorbei. Das »Krawattenkino«, die »Camera«, der
»Kristall-Palast« und viele andere Lichtspielhäuser sind Geschichte.
Will er nicht nach Nürnberg, bleiben dem Fürther heute nur noch der
»Uferpalast« im Kulturforum (siehe Seite 164) und das »Babylon« in
der Nürnberger Straße.

Als eines der traditionsreichsten Filmtheater des Großraums ist
das einstige »Kronprinz-Kinocenter« und heutige Babylon für die
Grundversorgung der Fürther mit Kino zuständig. Nahe an Stadtgrenze und Stadtpark (siehe Seite 182) zeigt es einem bunt gemisch-
ten Publikum sein mehrfach von der Filmförderung in Bayern aus-
gezeichnetes Programm. In dem schmucken Kino mit angrenzender
Gastronomie fühlt sich eigentlich jeder wohl. Gedämpftes Licht, goldene Leinwände mit Gemälden des Fürther Künstlers Michael Mat-
thaeus Martha und eine reichhaltige Auswahl fränkischer Biere laden
zum Bleiben ein. Auf eine große Tafel schreibt eine junge Kellnerin die
Tageskarte, ein fantasievoller Koch zaubert die Gerichte auf die Teller.
Es lohnt sich, hier vor dem Filmgenuss noch etwas zu sich zu nehmen.

Aber man sollte durchaus Zeit mitbringen, denn das Babylon entführt den staunenden Zuschauer nicht nur zu abenteuerlichen Geschichten und stillen Schicksalen, sondern auch in ferne Länder:
Durch eine Seitentür gelangt man direkt nach Finnland, in den Plat-
tenladen »Kioski« des Deutsch-Finnen Martti Trillitzsch. Die Postkarten fallen zuerst ins Auge, auf den zweiten Blick entdeckt man Design, Ideen und Kunst aus Skandinavien. Auch die Mumins trifft man
hier wieder, als seien sie direkt aus unseren Kindheitserinnerungen
auf Handtücher und T-Shirts gehüpft. Begonnen hat das Ganze als
finnisches Plattenlabel, zur Hälfte ist Kioski eine Fundgrube für skan-
dinavische Musik. Aber Martti lässt auch live spielen. Auf der Keller-
bühne im Babylon moderiert er jeden zweiten Sonntag im Monat das
SING-IN, bei dem Bands oder Solokünstler der Region auftreten –
Eintritt frei!

Neben dem Montags-Seniorenkino und vielen anderen Kinofilm-
reihen bringt das Babylon auch noch regelmäßig Theater und Kabarett auf die Bühne. Wer jetzt noch nicht überzeugt ist, dem sei verraten, dass die Betreiber die schöne Sitte zum Leben erweckt haben, vor
ausgewählten Filmen statt langer Werbung Kurzfilme zu zeigen. Dieses Kino kommt doch noch aus einer guten alten Zeit. *HA*

Im Fürther Babylon munden nicht nur
die filmischen Leckerbissen.

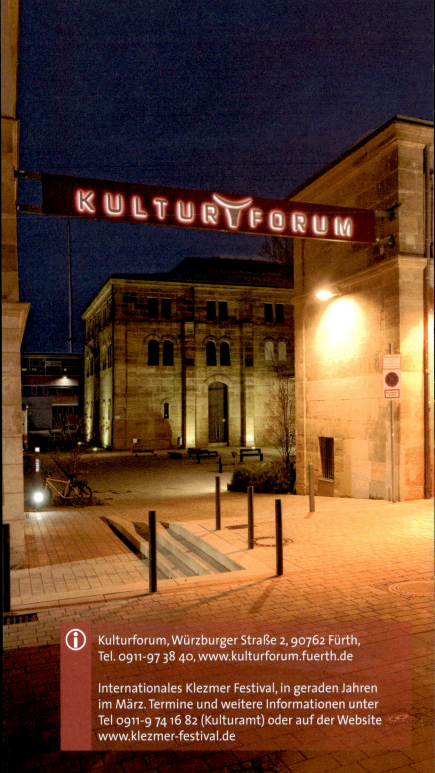

Kulturforum, Würzburger Straße 2, 90762 Fürth,
Tel. 0911-97 38 40, www.kulturforum.fuerth.de

Internationales Klezmer Festival, in geraden Jahren
im März. Termine und weitere Informationen unter
Tel 0911-9 74 16 82 (Kulturamt) oder auf der Website
www.klezmer-festival.de

Im Bann von Klang und Rhythmus

Was Fürther heute fast liebevoll »KuFo« nennen, war vor zwei Dekaden ein ziemlich heruntergekommenes ehemaliges Schlachthofareal mit winzigem Alternativ-Kino, das Super-8-Streifen weitgehend unbekannter Fürther Nachwuchskünstler zeigte. Tragischer heruntergekommen als der Schlachthof war über noch längere Zeit die jüdische Musiktradition in Deutschland, brutal unterbrochen durch den Holocaust und nur langsam wieder Fuß fassend im Land der Täter. Als 1988 in der Stadt, die einst den Beinamen »fränkisches Jerusalem« getragen hatte, das erste internationale Klezmer Festival stattfand, wussten die wenigsten etwas mit dem Begriff anzufangen.

Für den ehemaligen Schlachthof und die Klezmermusik hat sich das Blatt seither gewandelt. Vergessen die Debatte über die störenden Säulen im großen Saal des jetzigen Kulturforums – heute finden dort Konzerte, Theaterstücke und Tanzveranstaltungen statt, während im kleinen Saal intimere Kulturleckerbissen und im Restaurant französische Schokolade und raffinierte Salate serviert werden.

Alle zwei Jahre im Frühjahr heißt es »Vorhang auf« für das internationale Klezmer Festival. Klezmer, die einstige Hochzeitsmusik osteuropäisch-aschkenasischer Juden, ist längst mehr als Folklore mit Geige und Klarinette; er umfasst Bands vom Duo bis zum großen Ensemble, traditionelle Melodien, neue Kompositionen und avantgardistische Gehversuche, die von manchen gar nicht mehr zum Bereich des Klezmer gerechnet werden. Doch was immer sich im weitesten Sinn mit der Bezeichnung Klezmer schmücken kann und in der internationalen Szene Rang und Namen hat, ist bereits in Fürth zu Gast gewesen. Dazu kommen Nachwuchs-Workshops und Klezmer-Disco-Abende, wo der begeisterte Zuhörer selbst aktiv werden und das Tanzbein mal zu ganz anderen Klängen schwingen kann als im normalen Discobetrieb – und wo der Klezmer als Tanzmusik wieder an Bedeutung gewinnt. Denn was im Kulturforum während des meist 10-tägigen Festivals (oder in ungeraden Jahren während des dreitägigen »Intermezzos«) geboten wird, ist von enormer Virtuosität und hohem Anspruch. Schön für Fürth, die Musik und die Zuhörer ist die Tatsache, dass auch bei solchen Gelegenheiten das Mitgehen, das Klatschen, die Begeisterung nicht zu kurz kommen. Und wer keine der nachgefragten Karten mehr bekommen hat? Der kann sich immerhin an einem lauen Sommerabend auf die Terrasse des Restaurants setzen und dabei den Anblick des Flusses genießen. *SA*

Bis Ende der Achtzigerjahre wurde
das Kulturforum noch als Schlachthof genutzt.

Kofferfabrik, Lange Straße 81, 90762 Fürth,
Tel. 0911-70 68 06, www.kofferfabrik.cc,
Öffnungszeiten Mo–Sa 18.00–1.00, So 10.00–1.00 Uhr.

Länderbrunch, Kleinkunst und Weltmusik
für gesellige Freigeister

Wer das Gelände der ehemaligen Spiegel- und Kofferfabrik aus dem 19. Jahrhundert betritt, den umfängt alternatives Kulturladen-Flair. Zwischen efeubewachsenen Backsteinmauern, bemalten Fensterscheiben und Metall-Kunstwerken liegt der gemütliche Innenhof. Richtig lebendig wird es hier an warmen Sommerabenden, beim Grillen und den beliebten Hoffesten. Im Winter lockt die behagliche Stimmung um die Feuertonne ebenfalls manch einen ins Freie. Ein Wegweiser zeigt zum Couchclub, zur Galerie, dem Theater und einer Musikbühne – Tatorten der Subkultur und Kleinkunst.

Alles begann mit der Idee, ein Künstlerkollektiv ins Leben zu rufen. Als der bildende Künstler Lothar Böhm 1992 hier das »Forum für Kunst und Begegnung« gründete, entstanden zunächst Ateliers, Künstlerwerkstätten, die Galerie und eine kleine Kneipe mit nur einem Tisch und einem Stuhl. Die weitere Einrichtung übernahmen die Gäste. Das Projekt wurde zum Selbstläufer. Aktionen wie das Festival »Kunstspektakel 95«, »Hallo Wien« zu Halloween oder der »5. Advent im August«, eine Adventsfeier im Sommer für alle Liebhaber der Weihnachtszeit, prägten das außergewöhnliche Kolorit der *Kofferfabrik*. Bereits viele regionale und internationale Künstler, u. a. The Shanes, Ray Wilson, Abi Wallenstein, Al Di Meola und Harry Rowohlt, wussten das zwanglose Ambiente zu schätzen.

Heute umfasst das Veranstaltungsprogramm neben Konzerten und Lesungen eine Theaterwerkstatt, Seminare und Ausstellungen sowie Kneipenquiz und Sonntagsbrunch. Natürlich kann man auch einfach den Abend mit ein paar Getränken und Freunden auf einem Sofa im Couchclub verbringen. Die Speisekarte lockt mit findigen Namen wie »Esst Nemo«, »Sokrates« oder »Herr Müller«. Zur Verdauung vielleicht eine Runde am Billardtisch? Oder lieber gemütlich sitzen bleiben und ein Karten- oder Brettspiel auspacken? Am Nachbartisch wird gerade ein Haus auf der Schlossallee gebaut, um die Ecke sorgt eine Kicker-Partie für die turbulente Geräuschkulisse.

Die Gestaltung der »Koffer« ist ein Ergebnis aus Zufall und Engagement. Viele Künstler, Handwerker und Stammkunden haben hier eine zweite Heimat gefunden. Seit Februar 2007 lässt Betreiber Udo Martin das Konzept aus den Gründungstagen weiterleben: Alles ist möglich. Und so verführt das private Kulturzentrum nach wie vor mit industriellem Charme und buntem Freigeist. *AK*

In der *Kofferfabrik* findet sich an jeder Ecke Kunst, im Großen wie im Kleinen.

BAGELS €1.30

Bagel €2.30
m. Konfitüre €2.30
m. Frischkäse o. Konfitüre €2.80
m. Frischkäse & Konfitüre €2.50
m. Cheddar €2.90
m. Rinder Pastrami [mit Cheddar] €3.20
"Johnny Ledgend"

SCONES €1.30

Scone €2.30
m. Frischkäse o. Konfitüre €2.30
m. Frischkäse & Konfitüre €2.80

Columbia Bakery Café, Kreuzstraße 6, 90762 Fürth, Tel. 0176-83 07 35 11, www.columbia-bakery.com, Öffnungszeiten Di–Fr 7.30–18.00, Sa 9.00–16.00 Uhr.

Nicole King und ihr *Columbia Bakery Café*

Für die eine oder den anderen ist es bereits kein Geheimtipp mehr. Manche sind schon süchtig nach amerikanischen Gebäckspezialitäten, nach Cupcakes, Scones und Bagels, seit die gebürtige Amerikanerin Nicole King ihr Café mit dem Namen *Columbia Bakery* eröffnet hat. Der Name ist Familientradition; im Café hängt ein altes Schwarzweißfoto, das die ursprünglichen *Columbia Bakery*-Bäcker zeigt – Mitarbeiter einer 1871 von Daniel R. King gegründeten Bäckerei in Pennsylvania. Bis 1950 existierte und expandierte das Geschäft, als es in Ermangelung eines Nachfolgers plötzlich der Geschichte angehörte. Doch Ende 2011 belebte Nicole King die Tradition ihrer Vorfahren wieder und eröffnete ihr erstes Café in Fürth. Zunächst in der Königstraße ansässig, ist sie mittlerweile in die Räume einer ehemaligen Metzgerei an der Ecke Kreuzstraße/Gustavstraße umgezogen.

Um in der Konkurrenzsituation der Fürther Kneipenmeile (siehe Seite 172) zu gedeihen und mehr als nur ein kurzes Intermezzo zu bleiben, muss ein Betrieb mit Außergewöhnlichem, mit Flair, Ambiente und Service punkten. Das amerikanische Café hat in dieser Hinsicht einiges zu bieten. Die Räumlichkeiten alleine lohnen einen Besuch: bunte Fliesen an den Wänden und auf dem Boden, eine altmodische Verkaufstheke, ein Kronleuchter, im Gastraum ein sorgfältiges Ensemble alter, nicht zusammenpassender Holzmöbel – ein Hauch von Gründerzeitcharme, gepaart mit moderner Schlichtheit und einem offenen Schrank mit Spielen für die Kinder.

Wer, wie die Amerikaner sagen würden, einen »sweet tooth«, ein Faible für Süßes hat, wird in der *Columbia Bakery* auf seine Kosten kommen. Cupcakes mit Toppings in knalligen Farben und fantasievollen Namen wie »Fairy Cakes«, traditionelle Köstlichkeiten aus dem angelsächsischen Sprachraum – englische Scones und carrot cake mit süßem, üppigem Belag – und ebenso die unverzichtbaren Muffins in allen denkbaren Geschmacksrichtungen zieren die Auslage und laden zu einem nachmittäglichen Genuss mit Freunden ein.

Kalorien zählen sollte man nicht, wenn man sich durch die Tür der *Columbia Bakery* begibt, über der eine alte Ladenklingel die eintretenden Kunden ankündigt, doch das Café ist eine kleine Sünde wert. In der Küche kommen vor allem regionale und saisonale Zutaten zum Einsatz – deshalb wechselt das Angebot jede Woche und je nach Jahreszeit. Auch die Allergiker werden nicht vergessen, gibt es doch zusätzlich eine kleine Auswahl an glutenfreien Backwaren. *SA*

Der amerikanische Traum, mit Zuckerguss und Kirsche: die *Columbia Bakery* von Nicole King.

Bistro Galerie, Gustavstraße 14, 90762 Fürth,
Tel. 0911-77 61 66, www.bistrogalerie-fuerth.de,
Öffnungszeiten Mo–Sa 18.00–1.00 Uhr.
Mittagstisch Mo, Mi 11.30–14.30 Uhr.

Mit Chic, Charme und Kultur

Wer in Fürth ausgehen will, wer das Gespräch mit Freunden über einem ruhigen Drink sucht, wer die Fußballergebnisse unter Gleichgesinnten bei einem *Grüner*-Bier diskutieren oder wer stilvoll essen gehen will – in Fürth hat er die Qual der Wahl. Cafés, Kneipen, Restaurants reihen sich vor allem in der »Kneipenmeile« Gustavstraße (siehe Seite 172) dicht an dicht und buhlen um Kundschaft. Da muss ein Gastronomiebetrieb schon etwas Besonderes bieten, um im harten Konkurrenzkampf bestehen zu können.

In der Gustavstraße 14 finden die Gäste im *Bistro Galerie* dieses gewisse Etwas. Das »Schaufenster« ist liebevoll dekoriert, oft den Jahreszeiten entsprechend, mal an die Auslage einer Buchhandlung erinnernd, mal mit Porzellan geschmückt, dann wieder frühlingshaft mit Waldboden bestreut. Der schmale Gastraum hat etwas vom »shabby chic« eines Pariser Bistros: Alte Musikinstrumente hängen über der Bar, die Bilder wechselnder Ausstellungen geben dem Raum Tiefe, und Plüschratten in einem offenen Rohr in der Wand liefern einen ironischen Touch. Es ist eine Kneipe, in der man leicht zum Stammgast werden kann, selbst wenn man gar nicht so oft herkommt. Die meisten allerdings kommen immer wieder, nicht nur wegen des Ambientes, sondern auch, weil zu einer angenehmen, ganz eigenen Atmosphäre und freundlicher Bedienung noch eine überschaubare Speisekarte mit immer frischen Gerichten kommt. Tapas, Möhrensuppe mit Ingwer, Spaghetti mit Steinpilzpesto oder ein fruchtiger Salat mit Weintrauben und Nüssen – auf eine einzige Richtung lässt sich die Küche von Inhaber Michael Niedermeier nicht festlegen, sondern nur auf Qualität und Geschmack.

Selbst zur betriebsamsten Zeit findet sich in irgendeiner Nische meist noch ein Plätzchen. Richtig voll wird es allerdings, wenn eine der kulturellen Veranstaltungen stattfindet – eine Ausstellungseröffnung etwa oder ein Konzert am Rande des Klezmer-Festivals (siehe Seite 164). Ein Geheimtipp sind die Adventslesungen, bei denen nicht nur fränkische Autoren aus ihren Werken vorlesen – oft frech, respektlos und witzig: Weihnachtsgeschichten der etwas anderen Art und dennoch eine entschleunigende Einstimmung auf die Feiertage. Viele Stammgäste und alle Jahre wieder auch ein paar »Neue« finden hier zusammen, um sich mit der Literatur ein Glas Feuerzangenbowle einzuverleiben, Bücher signieren zu lassen und dabei der Hektik der Jahreszeit zu entfliehen. *SA*

Das *Bistro Galerie* am Ende der Gustavstraße lädt zu feinen Speisen und kulturellen Events ein.

Willkommen in der Kneipenmeile von Fürth! Abends weiß der Besucher kaum, wo er einkehren soll: *Gelber Löwe, Grüner Baum, Zum alten Rentamt* – und wie sie alle heißen – locken mit regionaler Biervielfalt und einer Küche, die mit Aischgründer Karpfen über italienische Pizza, afghanische Bolani bis hin zu spanischen Tapas wohl jedem Gaumen gerecht wird. Im Sommer gibt es fast überall Außenbestuhlung, – dichtgedrängt und doch einladend reiht sich hier Tisch an Tisch. Die »Gustav« ist vielleicht die schönste Straße der Altstadt mit ihren Fachwerkhäusern, den historischen Sandsteinfassaden, Gässchen und Innenhöfen.

Kein Wunder, dass der Fürther hier auch gerne seine Feste feiert. Beim Altstadtweihnachtsmarkt auf dem benachbarten Waagplatz stehen die kleinen Buden eng beieinander, während man in der Freibank fast ausgestorbenes Handwerk erleben kann. Zweimal im Jahr breiten die Graffler und Trödler ihre Waren aus und locken jeweils ein Wochenende lang Krämer und Schnäppchenjäger an. Freunden des Bacchus sei das sechstägige Weinfest im Sommer ans Herz gelegt. Beim Schlendern bemerkt man manch verstecktes Geschäft, wie das »Libresso«, ein hervorragend sortiertes Antiquariat. Bei »Tiekings« erhält man Weine und erlesene Gewürzmischungen. Fair gehandelte Kleider bekommt man im »FARCAP« – um nur einige aufzuzählen.

Am schönsten ist ein Spaziergang am Morgen, wenn die Sonne über die Kirchturmspitze von St. Michael (siehe Seite 160) blitzt und noch fast niemand unterwegs ist. Man schlendert über den Grünen Markt. Dort stehen still die Artisten und Gaukler des Bildhauers Harro Frey (1942–2011), schimmernd in allen Tönen von Bronze. Man geht in keine bestimmte Richtung und findet sich auf einmal auf dem Kirchplatz vor einer Gedenktafel wieder: König Gustav Adolf, Namensgeber der Straße, sei hier gewesen und habe den Gottesdienst besucht. Weiter geht's. In der *Kaffee Bohne* brennt schon Licht, eine müde Gestalt räumt die Stühle von den Tischen. Ja, in dieser Stille kann man sich vorstellen, wie hier Ochsenkarren an Ochsenkarren parkte, wenn die Bauern auf ihrem Weg zum Markt in den Wirtschaften einkehrten und der Straße ihren früheren Namen gaben: Bauerngasse. Und dann erinnert man sich noch an ganz andere Zeiten, als die B 8 genau hier Kolonnen von Lastwagen hindurchführte. 1988 erst wurde die Gustavstraße durch das Engagement des Altstadtvereins zum Glück das, was sie heute ist: ein richtiges Fürther Schmuckstück. *HA*

Die Gustavstraße erstreckt sich bis zum Grünen Markt und ist nicht nur am Abend einen Besuch wert.

Zum Gelben Löwen, Gustavstraße 41, 90762 Fürth,
Tel. 0911-7 87 25 01, www.zumgelbenloewen.de,
Öffnungszeiten Mo–Do 11.00–1.00, Fr–So 11.00–2.00 Uhr.

Grüner Baum, Gustavstraße 34, 90762 Fürth,
Tel. 0911-77 05 54, www.gasthaus-gruenerbaum-fuerth.de,
Öffnungszeiten Mo–Mi 17.00–24.00, Do 11.30–14.00
und 17.00–24.00, Fr–So 11.30–24.00 Uhr.

Zum alten Rentamt, Gustavstraße 61, 90762 Fürth,
Tel. 0911-74 74 07, www.zum-alten-rentamt.de,
Öffnungszeiten Di–Do 18.00–1.00, Fr 18.00–3.00,
Sa 18.00–2.00 Uhr.

Pizza-Bar, Gustavstraße 39, 90762 Fürth, Tel. 0911-69 00 97 64.
Öffnungszeiten Mo–Fr ab 17.00, Sa ab 10.00 Uhr.

Stadt Venedig, afghanische und italienische Küche,
Obere Fischerstraße 8, 90762 Fürth, Tel. 0911-77 07 95,
www.stadt-venedig.de, Öffnungszeiten tägl. 18.00–1.00 Uhr.

Kaffee Bohne, Gustavstraße 40, 90762 Fürth, Tel. 0911-77 46 04,
www.kaffeebohne-fuerth.de, Öffnungszeiten So–Do
8.30–1.00, Fr–Sa 8.30–2.00 Uhr. Terrasse tägl. bis 23.00 Uhr.

Michels – Chocolaterie-Bar-Café, Gustavstraße 48, 90762 Fürth,
Tel. 0911-9 71 51 91. Öffnungszeiten Mo 12.00–19.00, Di–Sa
10.00–19.00, So 13.00–19.00 Uhr.

Tiekings – Weine & Gewürze, Gustavstraße 46/48,
90762 Fürth, Tel. 0911-9 70 95 11 oder 0172-8 66 60 10,
www.tiekings.net, Öffnungszeiten Mi–Fr 16.00–19.00 Uhr
und nach Vereinbarung.

FARCAP – Mode aus fairem Handel, Gustavstraße 35,
90762 Fürth, Tel. 0911-97 95 78 50 www.farcap.de,
Öffnungszeiten Mo–Fr 10.00–20.00, Sa 10.00–16.00 Uhr.

Libresso – Bücher und mehr, Gustavstraße 43, 90762 Fürth,
Tel. 0911-4 09 87 09. Öffnungszeiten Di–Fr 14.00–18.00,
Sa 11.00–15.00 Uhr.

Schuhhaus Oehrlein, Gustavstraße 29, 90762 Fürth,
Tel. 0911-77 74 91. Öffnungszeiten Mo–Fr 9.30–18.00,
Sa 9.30–14.00 Uhr.

Informationen zum Altstadtweihnachtsmarkt und
Graffelmarkt auf der Website www.altstadtverein-fuerth.de

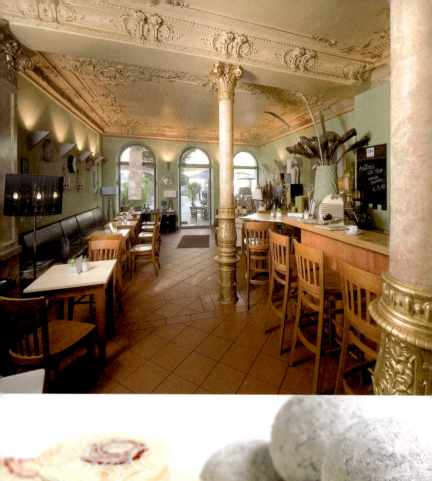

Süße Freiheit, Friedrichstraße 5, 90762 Fürth,
Tel. 0911-7 04 37 74, www.suessefreiheit.de,
Öffnungszeiten Mo–Fr 9.00–19.00, Sa 9.00–18.00 Uhr.

Ungehemmter Tortenrausch und feiner Kakao in der *Süßen Freiheit*

Die erste Regel lautet: Das Kalorienzählen sofort einstellen. Die zweite Regel: Nicht zu dolle auf die Chefin starren. Frauke Meißner-Pölloth ähnelt auch nach dem zweiten Hinschauen noch sehr der Hauptdarstellerin von *Chocolat*. Nicht etwa, weil sie aussähe wie Juliette Binoche, sondern wegen ihrer Hingabe an das Süße.

Kuchen und Torten stammen aus eigener Herstellung, und wenn Frauke Meißner-Pölloth das Messer in die Sahne senkt und hernach ein Stückchen auf den Teller hebt, spürt man ihre Liebe zum nahrhaften Genuss.

Schokolade ist ausdrücklich inbegriffen. Feine Pralinen von *Bachhalm* liegen in der Theke aus, schokolierte Früchte und Ingwer stehen in Gläsern davor, und in den Regalen reihen sich handgeschöpfte Schokoladen ausgesuchter Hersteller wie *Coppeneur* und *Storath* sowie Fair-Trade- und Bio-Marken aneinander.

Sorten wie Joghurt-Waldfrucht oder Vanille mit Kakaobohnensplittern sehen noch dazu verführerisch aus. Schokolade darf in der *Süßen Freiheit* aber auch getrunken werden. Eine Tasse heiße Milch, dazu flüssige Schokolade im silbernen Kännchen. Nach Geschmack dosieren, rühren und in kleinen Schlucken schlürfen. Lecker!

Zeit, sich umzuschauen. Die warme Einrichtung, Kerzenleuchter, dekorative Sofakissen, kleine Mitbringsel – und natürlich die anderen Gäste: das Damenkränzchen, die Freundinnen, das verliebte Paar. Zwischen Kind und 80 Jahren sind hier alle Generationen vertreten.

An vielen Tagen ist das Café brechend voll, ein hart erarbeiteter Erfolg. Frauke Meißner-Pölloth und Ehemann Heinz hatten ihr Café 2008 als Franchise-Unternehmen eröffnet, seit 2009 führen sie es in eigener Regie. Das Paar hat die Anzahl der Sitzplätze erweitert, Wein und Kaffee aus Venezien ins Sortiment genommen. Sie bieten Verkostungen an und beim »Schokus-Pokus« sorgen sie für bezaubernde Unterhaltung.

Ähnlich wie im Film *Chocolat* gibt es auch hier ein Happy-End. Die *Süße Freiheit* floriert, und Frauke Meißner-Pölloth fragt mit offenem, freundlichem Blick: »Was darf's denn sein, bitt'schön?« Aprikosentorte mit Schmand, Käsekuchen, Schoko-Banane oder eine andere der hausgemachten Köstlichkeiten? Ach ja, die dritte Regel! Fast vergessen. Sie lautet: Geben Sie sich in der *Süßen Freiheit* dem Genuss hin, vorbehaltlos. *GP*

In der *Süßen Freiheit* dreht sich alles um schokoladige Verführungen.

Haus Phantasia, Wasserstraße 5, 90762 Fürth, Tel. 0911-7 59 30 30, www.schulederphantasie-fuerth.de, Offene Samstagswerkstatt 11.00–13.00 Uhr. Außer in den bayerischen Schulferien.

Raketen! Selbst gebaut!! Raphael hält seine schon in den Händen. Eine Cola-Flasche, ausgerüstet mit einem Hütchen am Flaschenboden und einem Korken im Hals. Jetzt muss er nur noch Zitronensaft und Backpulver einfüllen, erklärt der semmelblonde Junge. Das Gemisch entwickelt Druck und dann … huiiiii!!!

Die Samstagswerkstatt der Schule der Phantasie e. V. gibt Anregungen für solche Experimente, sie weckt die Lust aufs Basteln und Malen. Sechs Kinder sind heute da: Levy schneidet Herzen aus, Julia bemalt ein Haus aus orangefarbenem Papier, Lukas im Star Wars-Shirt hat eine Landeplattform für seinen Lego-Hubschrauber gebaut, Raphael und Magnus schwenken ihre Raketen und Julius werkelt an einer Abschussrampe.

In der regulären Schule ist für diese Art zu lernen kein Raum, ist Ulrike Irrgang überzeugt. Die Designerin gründete den Verein zusammen mit dem Kulturpädagogen Lutz Krutein, schon 2007 bezog die Kinder- und Jugend-Kunstschule das Haus Phantasia in der Wasserstraße. Dieses ist Stützpunkt für ein breitgefächertes Programm: Samstagswerkstatt, Schatzsucher-Rallyes im Wald und »Rubbing«-Entdeckertouren in der Stadt – hierbei werden mittels Bleistift und Kreide verschiedene Oberflächenstrukturen auf Papier abgepaust –, spezielle Angebote für Schulen, wie die Erfinderwerkstatt, Talentschmiede oder Sehschule. Auch am Ferienprogramm beteiligt sich die Schule der Phantasie, und sie richtet Kindergeburtstage aus. Dann werkeln Jungen und Mädchen beispielsweise mit Holz, fotografieren sich beim Fotoshooting gegenseitig oder reisen in die Steinzeit. Richtig gelesen: Steinzeit. Hier beginnt die Kunst ohne Material, aber mit Feuer. Ein Streichholz produziert Kohle zum Zeichnen, Stöckchen werden zu Pinseln geklopft und Pigmente gerieben. Aha! Nicht nach Schablone sollen Kinder hier lernen, sondern sich selbst in der Muße finden – das ist das erklärte Ziel der Schule der Phantasie.

Sind Kinder dann die besseren Künstler? »Wenn Kunst der direkte Ausdruck meiner Empfindung ist, ohne Filter und Zensur, sind uns die Kinder weit voraus«, sagt Ulrike Irrgang. Die Mode aus Müll, die Jugendliche hier gestaltet haben, wird als »Re-Fashion« inzwischen ausgestellt. Auch sonst wird mit bewusst einfachen Materialien gearbeitet. Ein Korken zum Beispiel kann ja alles sein: eine Prinzessin, ein Rad oder auch der Rückstoßantrieb für eine Rakete. *GP*

Das Haus Phantasia: Hier wird die Kreativität der Kinder spielend gefördert.

Café Badehaus, Badstraße 8, 90762 Fürth,
Tel. 0163-4 80 95 50, www.badstrasse8.de,
Öffnungszeiten Okt–März Fr 15.00–18.00, Sa–So
12.00–18.00 Uhr. Apr–Sep Mi–Do 15.00–20.00,
Fr 15.00–22.00, Sa 12.00–22.00, So 12.00–20.00 Uhr.

www.regnitzradweg.de

Aus dem Süden strömt die Rednitz mit Schwung und kühler Frische in die Stadt hinein, ihre Furt – ob sie an der Maxbrücke oder doch an der Kappellenruh lag, ist nicht bekannt – gab Fürth den Namen. Lebensader ist der Fluss auch heute noch. Er durchstreift das Wasserschutzgebiet, bis er unterhalb der Siebenbogenbrücke auf Menschen trifft. Hier lagern sommers die Griller unter mächtigen Pappeln, gegenüber schlendern Spaziergänger über die 2007 eröffnete Uferpromenade. Bei Kaffee und Kuchen im *Café Badehaus* erinnern sie sich an das einstige Flussbad, das früher an dieser Stelle zum Schwimmen lockte. Auch heute lassen sich Erholungssuchende hier treiben, immer am Wasser entlang bis zum Kulturforum (siehe Seite 164).

Von Osten her ergießt sich die Pegnitz nach Fürth. Ihre wilden Wellen laufen sich ab der Stadtgrenze in großen Bögen müde, die trägen Fluten schleifen das Ufer an einer Seite ab und schwemmen Sand auf der anderen an. Ein Strand ist entstanden, der im Sommer Rimini und Rummel zugleich ist: Kinder stürzen sich vom Röllingersteg ins Wasser, Sonnenanbeter breiten ihre Handtücher aus.

Auf den Wegen begegnen sich zu allen Jahreszeiten Radfahrer, Skater und Spaziergänger, die Gassigeher haben die Wiesen zum Hundeauslauf erkoren. Und sonntags wird Fußball gespielt. Freizeitmannschaften kicken unterhalb des Stadtparks (siehe Seite 182) und weiter flussabwärts an der Ludwigsbrücke.

Die baumbestandenen Ufer und rund 700 Hektar saftige Wiesen zeigen sommers wie winters wechselnde Ansichten: mächtige Pappeln am Pappelsteig, Schilf, das sich im Wind wiegt, der Fluss, der sachte gurgelt und dann brüllend über das Wehr an der Wolfsgrubermühle fällt, der stille Fürther Jubiläumswald, die vorwitzigen Kaninchen oder Störche, die durchs feuchte Gras staksen.

Satt von diesen Eindrücken ruht man am besten »an der Spitz« aus. Unweit der Kapellenruh – hier soll die Martinskapelle gestanden haben, die zum Fürther Königshof gehörte – und unterhalb des Friedhofs vereinen sich die helle Rednitz und die dunkle Pegnitz zur Regnitz. Ein Platz zum Träumen, an dem Gedanken schweifen dürfen und das mitgebrachte Picknick nach Glück schmeckt.

Unter Bäumen geht es von hier aus weiter nach Norden. Die vielgenutzte Route ist Teil des Regnitz-Radwegs von Nürnberg nach Bamberg und führt über Eltersdorf und Bruck nach Erlangen. Flotte 18 Kilometer – eine schöne Ausflugsstrecke. *GP*

Von der Uferpromenade bis zur »Spitz« erstrecken sich die Fürther Rednitzauen.

Stadtpark Fürth, 90762 Fürth. Zugang über Engelhardtstraße, Nürnberger Straße oder Otto-Seeling-Promenade.

Stadtparkcafé, Engelhardtstraße 20, 90762 Fürth, Tel. 0911-7 41 88 84, www.stadtparkcafe-fuerth.de, Öffnungszeiten tägl. 9.00–23.00 Uhr.

Die Schönste blüht im Stadtpark
Der Rosengarten lockt Hochzeiter
und andere Genießer

82

Wie die duftet! Ein feiner Hauch mit herber Note kitzelt die Nase, auch die Augen saugen die Blüte mit ihren silbrigen und bis ins Kirschrosa reichenden Tönen ein: »Gräfin Sonja« ist eine Rose, wie sie im Buche steht. Und doch ist sie nur eine unter 80 Schönen, die im Rosengarten des Fürther Stadtparks wachsen.

Er ist das Kleinod des 18 Hektar großen Gartens, den die Fürther als ihr grünes Wohnzimmer betrachten, in dem sie flanieren und fläzen, sich von der Muße oder ihrer Muse küssen lassen. So ist die märchenhafte Kulisse von 1 000 Rosenstöcken vor dem Wandelgang gerade bei Hochzeitspaaren ein gesuchtes Motiv. Ab Mai fahren samstags die Stretchlimousinen im Fontänenhof vor, die frisch Vermählten platzieren sich dekorativ auf dem Rasen, lehnen an Bäumen und steinernen Säulen oder baden im Rosenmeer.

Weh dem Paar, dem hier Goethes Zeilen einfallen: »Knabe sprach: ›Ich breche dich, Röslein auf der Heiden!‹ Röslein sprach: ›Ich steche dich, dass du ewig denkst an mich …‹« Denn Dornen haben sie alle, diese Schönen. Ob schlichte Beetrose, eifrige Kletterrose oder hoch gezüchtete Diva.

Im »Weinbergklima« hinter der Auferstehungskirche (siehe Seite 160) gedeihen sie besonders gut, auch widmen ihnen die Gärtner des Grünflächenamtes besondere Aufmerksamkeit. Denn immer belagern Besucher die Bänke: ein Buch lesen und den Blick schweifen lassen, das Gesicht der Sonne zuwenden, zwischen Rosen spazieren und sich an Duft und Anblick berauschen.

Dass hier mal ein Friedhof war, lässt sich heute nur noch ahnen. Er wurde Anfang des 20. Jahrhunderts aufgelassen und 1911 der Engelhardt-Anlage zugeschlagen. Der Maschinenfabrikant Johann Wilhelm Engelhardt hatte den Abhang 1869 mit Bäumen bepflanzen lassen, 1879 kamen Teich und Wasserfall hinzu. Die heutige Form des Stadtparks wurde von Stadtgartendirektor Hans Schiller für die Gartenschau »Grünen und Blühen« 1951 entworfen.

Ein Glück für alle Jahreszeiten: Krokuswiesen vor dem *Stadtparkcafé*, das als Milchgaststätte gebaut wurde, begrüßen den Frühling, der Empfangsgarten erblüht im Sommer in wechselnden Motiven, ein Stockwerk tiefer locken die Dahlien und eine Streuobstwiese, im Winter umkurven Schlittschuhläufer auf dem Stadtparkweiher die Liebesinsel. *GP*

Der Fürther Stadtpark erwartet Erholungssuchende mit 16 grünenden und blühenden Hektar.

Fürthermare, Scherbsgraben 15, 90766 Fürth,
Tel. 0911-7 23 05 40, www.fuerthermare.de,
Öffnungszeiten tägl. 10.00–23.00 Uhr.

Das Fürthermare

Was tun an einem verregneten Tag in Fürth? Wenn einem das Wasser von den Bäumen in den Kragen tropft und draußen wie drinnen Tristesse herrscht? Sich von innen zu bewässern, etwa mit Schnaps, gilt zwar als anerkannte Methode in solchen Fällen, könnte jedoch gewisse Bedenken hervorrufen.

Heilkräftige Wässerchen kann Fürth, das vor dem Ersten Weltkrieg einen erfolgreichen Kurbetrieb besaß (noch im Namen der »Kurgartenstraße« erahnbar), aber auch aufbieten. Im Stadtgebiet gibt es mehrere Heilquellen, etwa die 1901 gebohrte Ludwigsquelle oder die im Volksmund wegen ihres Eiergeruchs »Gaggalasquelln« genannte Gustav-Adolf-Quelle. Sie sind Teil des »Fürther Heilquellenwegs«, auf dem sich wellnessbegeisterte Wanderer gleich doppelt Gutes tun können.

An Regentagen taugt ein Spaziergang dorthin allerdings wohl kaum. Das 2007 eröffnete Thermalbad »Fürthermare« verspricht hingegen Wohlergehen und Spaß gleichermaßen. Die Heilbäder werden von der »Kleeblattquelle« gespeist, die im rheumatologischen und orthopädischen Bereich wohltuende Wirkung haben soll. Dem durchschnittlichen Besucher dürften jedoch schon die Wärme und die Wassermassage zum Entspannen gereichen. Ein Highlight – besonders bei kaltem Wetter – ist das Außenbecken. Sich im warmen Wasser zu tummeln, während um einen herum die Bäume im Herbstlaub stehen oder gar der Schnee fällt und der Dampf von der Wasseroberfläche aufsteigt, ist in der deutschen Bäderwelt zwar kein einmaliges Erlebnis mehr, aber durchaus ein eindrucksvolles. Ähnlich verhält es sich mit der Solegrotte, wo man/frau gegen einen Euro Aufpreis im 34 Grad warmen, stark salzhaltigen Wasser auf der Oberfläche treiben und zur Lichtinstallation und meditativer Musik das Gefühl der Schwerelosigkeit genießen kann. Aber auch Familien kommen auf ihre Kosten – im Spaßbereich, mit Schwimmbecken und Wasserrutschen, der im Sommer auch den gesamten Freibadbereich umfasst.

Das Fürthermare kann sich zu Recht als familienfreundliches Bad präsentieren – wobei der Thermalbereich aus Gesundheitsgründen erst ab 16 Jahren zugänglich ist. Mit 10 Euro für zwei Stunden und einem Zuschlag für die Sauna kommt ein Ausflug zwar nicht ganz billig. Vergleicht man die Eintrittspreise allerdings mit denen in der altehrwürdigen Stadt Bath, kann Fürth durchaus punkten: 27 Pfund muss man in Englands einzigem Thermalbad für zwei Stunden im heilkräftigen Wasser hinblättern, und das ohne Solegrotte oder Wasserrutsche. *SA*

Im Fürthermare: Entspannung nach einem harten Tag und Badespaß für die ganze Familie.

Kurzes Fädchen, fleißiges Mädchen! Gut, dass frau sich mit solchen Sinnsprüchen heute nicht mehr plagen muss. Sie darf, wenn die Handarbeitslust sie packt, an kreative Eigenproduktionen denken. Gute Ideen und hilfreiche Technik-Tipps für Handgemachtes gibt's in Fürth.

Eine Hose aus abgelegten Herrenhemden, ein Sommerkleid aus Bettwäsche oder eine Beanie-Mütze zum Umstülpen? »Jetzt pass auf!«, sagt Ulla Lechner zu ihrer Praktikantin. Sie dehnt den Bund, steckt ihn mit einigen Nadeln fest und empfiehlt statt Zickzackstich eine gerade Naht. 90 Prozent der Kundinnen im Café NahtLust sind Anfängerinnen, für viele ist Nähen der schöpferische Ausgleich zu einem stressigen Job. In der Gustavstraße (siehe Seite 172) finden sie seit 2011 nicht nur Nähmaschinen und Stoffe, sondern vor allem den fachkundigen Rat der Handarbeitslehrerin – und ein Tässchen Kaffee und Tee obendrein. Zwei junge Frauen nähen sich Petticoats. Die eine hält sich den schmalen Rock vor den Bauch. »Aber das passt mir doch nie«, seufzt sie. »Dann setz noch zwei Bahnen ein«, sagt Ulla Lechner. Sie weiß: Wichtig ist das Erfolgserlebnis.

Wer lieber strickt, wird bei »DyeForYarn« große Augen machen. Zwei promovierte Naturwissenschaftlerinnen färben Wolle und Seide nach eigenen Rezepten und in kleinen Mengen. Das Geheimrezept: Wasser in den Topf, Farbe grammgenau abwiegen, Wolle hinzugeben und dann langsam erhitzen. Die Stränge trocknen über Wäscheständern, bevor sie ins Regal kommen. Feinste Garne für luftige Stolen und anschmiegsame Pullis ruhen in den Fächern, daneben hat robuste Strumpfwolle ihren Platz. Zitronengelb, Rostrot, Meeresgrün und andere einzigartige Farben – die delikaten Schattierungen werden sogar aus den Vereinigten Staaten und Australien geordert. Wer den Laden in der Hirschenstraße aufsucht, bekommt neben Tipps oft gleich ein Muster für die feinen Lace-Schals – die hohe Schule des Strickens – in die Hand gedrückt. Viel Glück!

Und wer das selbst (noch) nicht kann, aber trotzdem mit Selbstgemachtem glänzen will? Ganz klar, der surft im Onlineshop von »My Oma«. 26 Omas (und Opa Klaus) stricken nach den Entwürfen von Verena Röthlingshöfer und den individuellen Wünschen der Kunden und Kundinnen, was das Zeug hält. Mützen, Socken, Stulpen, Schals … *GP*

Ulla Lechner lehrt in ihrem Café NahtLust den geschickten Umgang mit Nadel und Faden.

Scotch Broth Whisky, Königstraße 33, 90762 Fürth, Tel. 0172-8 32 28 48, www.whisky-akademie.de, Öffnungszeiten Fr 17.00–19.00, Sa 10.00–14.00 Uhr. Mo–Do ab 18.00 Uhr nach Vereinbarung.

Neubauers Schwarzes Kreuz, Königstraße 81, 90762 Fürth, Tel. 0911-74 09 10, www.neubauers-schwarzes-kreuz.de, Öffnungszeiten Restaurant Di–Sa 18.00–22.00 Uhr. Stube Mo–So 12.00–14.00 und 18.00–22.00 Uhr.

Einen Kilt kann man immer noch bestellen, auch eine Büste von Queen Victoria wäre bei Scotch Broth zu haben. Doch Gartenbänke und die wasserspeienden Gargoyles sind verschwunden. Andreas Hertl konzentriert sich lieber auf Whisky. Schottischen vor allem, aber auch irische und japanische Abfüllungen gehören zum Sortiment.

»Möchten Sie mal riechen?« Hertl gibt der Flasche einen kurzen Schwenk, dreht den Korken heraus und lässt den Geist direkt unter der Nase seiner Kunden aufsteigen. Clynelish, 15 Jahre gelagert, mit fruchtigen Noten von Aprikose und Pfirsich. Ein Traum … Oder hier, Bruichladdich, 24 Jahre alt, gelagert im Sherryfass. Nur 188 Flaschen überhaupt sind daraus abgefüllt und weltweit vertrieben worden – und Scotch Broth hat sechs davon erhalten.

»Man muss wissen, was es gibt. Und bei richtig guten Sachen gute Kontakte haben.« Andreas Hertl hat sie. 1997 veranstaltete er die ersten Tastings, lernte Brennereien und Abfüller kennen. Allein in Schottland gibt es 115 Brennereien, weltweit etwa 6 000 Sorten Whisky. Da soll sich einer auskennen!

Der »Master of Malt« aus Fürth hat sich deshalb auf unfiltrierte Whiskys ohne Farbstoffe aus kleinen Brennereien und von unabhängigen Abfüllern spezialisiert. Diese bietet er in seinem Laden an, präsentiert sie auf Messen und Events. Seit vier Jahren lädt er auch zu Whiskydinners ins nahegelegene *Neubauers Schwarzes Kreuz* und hat eine Whiskyakademie ins Leben gerufen, die Interessierten in drei Semestern Geschmack und Feinheiten des Getreidebrands nahebringt. Angefangen beim ersten Probierschluck bis zur Besichtigung einer schottischen Brennerei.

Einstimmen können sich Hertls Kunden im stilgerecht eingerichteten Laden. Im Tartan Room stehen tiefe Ohrensessel und dunkle Möbel, getrunken wird aber vor allem in der »Library«. Nur dass hier nicht etwa Bücher in den Regalen stehen, sondern schlanke und bauchige Flaschen! Auf den Etiketten Namen wie: Spey Royal, Glencadam und Laphroaig, Glenglassaugh, Bowmore – und wie sie alle heißen. Der teuerste Whisky kostet 1 400 Euro. Pro Flasche.

Aber der Preis ist nicht alles. Als Einsteigermodell sei beispielsweise Auchentoshan geeignet, für 39 Euro. Andreas Hertl schwenkt das Glas mit der honigfarbenen Spirituose, atmet die Aromen ein, sagt »Sláinte«, den schottischen Trinkspruch, und nimmt einen beherzten Schluck. *GP*

Boutique de Provence, Amalienstraße 65, im Hinterhof, 90763 Fürth, Tel. 0911-9 71 96 26, www.boutique-de-provence.de, Öffnungszeiten Mi–Fr 16.00–19.00, Sa 10.00–14.00 Uhr.

Die Fürther Südstadt. Hier bewegt man sich abseits der gewohnten Pfade der Stadt; hierher kommen auch die Einheimischen nur dann, wenn sie spezielle Gründe dafür haben – weil sie hier wohnen oder Besuche machen oder vielleicht ein Kirchenkonzert (siehe Seite 160) besuchen. Dabei ist es ein faszinierendes Tableau, das sich jenseits des Bahnhofs auftut, ein Gebiet, das in den letzten Jahren große Sanierungsmaßnahmen gesehen hat. Teilweise wurde dadurch die Wohnqualität enorm gesteigert, aber auch viel von dem günstigen Wohnraum zerstört, den es dort traditionell gegeben hat.

Die Straßenzüge besitzen die ganze Zwiespältigkeit einer Wohngegend zwischen alter Pracht und gegenwärtiger Vernachlässigung. Seelenlose Großbauten wechseln sich ab mit noch immer sehenswerten Häusern der Gründerzeit, deren Stuckverzierungen dem aufmerksamen Auge einiges zu bieten haben. Zur Rechten bricht die evangelische Kirche St. Paul schließlich die Geschlossenheit der Fassaden auf, und fast genau gegenüber öffnet sich eine Toreinfahrt auf einen jener unerwarteten Hinterhöfe, die oft Schmuckstücke für sich sind.

In der Amalienstraße 65 finden Liebhaber der schönen Dinge in der Boutique de Provence seit mittlerweile über 15 Jahren die Art von Laden, die immer seltener wird, die man vielleicht nicht unbedingt braucht, ohne die eine Stadt aber verarmt. Geld machen lässt sich in einem so gut verborgenen Laden ohne kostspielige Werbung natürlich nur bedingt, sodass die Boutique de Provence lediglich hobbymäßig geführt wird. Es bietet sich deshalb an, die Öffnungszeiten vor dem Besuch zu studieren, um dann im Inneren des Hinterhofgeschäfts einen kleinen Ausflug in die Welt der schönen Dinge zu unternehmen. Spezialitäten aus Frankreich, biologisch angebaute Weine und Champagner, Töpferwaren und Porzellan, Wandschmuck und Kerzenhalter finden sich im Sortiment, außerdem Krippenfiguren aus Terrakotta, die sogenannten »Santons« (kleine Heilige); das reichhaltige Angebot in den zwei schön dekorierten Räumen und die provenzalisch anmutende Treppe hinunter ins Souterrain laden zum Umherschlendern und Genießen ein. Ob der Besucher nun spontan entscheidet, keinen Tag länger ohne das soeben entdeckte Teeservice auszukommen, ein kleines Geschenk für die nächste Einladung bei Freunden sucht oder es mit Anschauen bewenden lässt – in der freundlichen Atmosphäre des Ladens kann man die Zeit bei einem gemütlichen Einkaufsbummel aufs Angenehmste verbringen. *SA*

Die Boutique de Provence versteckt sich, von außen eher unscheinbar, in einem Fürther Hinterhof.

ERLANGEN

Kunstpalais im Palais Stutterheim, Marktplatz 1,
91054 Erlangen, Tel. 09131-86 27 35, www.kunstpalais.de,
Öffnungszeiten Di–So 10.00–18.00, Mi 10.00–20.00 Uhr.

»Erlangia«, Sinnbild für Handwerk und Gewerbe, bewacht vom einen Rand des Brunnens her ihre Stadt; »Alma Mater«, die Wissenschaft, überblickt als allegorische Figur die andere Seite des Marktplatzes. Der Paulibrunnen in Erlangen wurde 1889 errichtet und prägt seither das Bild des zentralen Marktplatzes der Hugenottenstadt mit. Tauben ruckeln vor dem im Stil der Spätrenaissance gehaltenen Bauwerk über das Pflaster, im Sommer sitzen Schüler und Studenten auf den Stufen und dem Beckenrand.

Auf der Südseite hinter dem beeindruckenden Brunnen befindet sich das Stutterheim'sche Palais. 1728 zunächst für den Stadthauptmann Christian Hieronymus von Stutterheim erbaut, diente es bald darauf als Rathaus. Heute, nach einer aufwendigen und teuren Sanierung, betritt der Besucher als Erstes einen ovalen Eingangsraum mit kontrastreichen Ornamenten. Auf der rechten Seite befindet sich die Stadtbibliothek, geradeaus gelangt man in einen mit Glas überdachten Raum zwischen zwei Gebäudeflügeln, wo Tische und Sessel zum Ausruhen und Schmökern einladen. Im zweiten Stock kann man sich im Bürgersaal standesamtlich trauen lassen – sofern man einen der begehrten Termine ergattern kann, denn Trauungen im barocken Ambiente mit Blick auf den Marktplatz sind sehr beliebt.

Als »Kunstpalais« beherbergt das Gebäude auch noch die mehr als 4 500 Grafiken, Multiples, Künstlerbücher und Mappenwerke umfassende Sammlung der ehemaligen städtischen Galerie. Des Weiteren finden hier sonntags öffentliche Führungen durch die – mehrmals im Jahr wechselnden – Ausstellungen internationaler zeitgenössischer Künstler statt, um die Werke dem Publikum zu erschließen. Auch auf andere Weise bemühen sich die Verantwortlichen, Kunst nicht einfach zu zeigen, sondern zu vermitteln. So gibt es »Art talks« und Künstlergespräche und im Rahmen der »Langen Nacht der Wissenschaften« präsentiert sich das Kunstpalais mit Workshops und Führungen.

Nicht immer war die Geschichte des Palais Stutterheim so friedlich und positiv wie heute: Hier wurden während der Progromnacht im November 1938 die 43 jüdischen Bewohner der Stadt festgehalten, während draußen die braunen Rotten Geschäfte plünderten und zerstörten. Über ihr Schicksal sowie über die Sanierung der Erlanger Rathäuser informiert eine Tafel im Inneren des Palais, das heute als Ort der Kunst und der Lektüre wieder eine bessere Bestimmung gefunden hat. *SA*

Im Palais Stutterheim gastieren Ausstellungen internationaler, zeitgenössischer Künstler.

MusiCeum, im ehemaligen Wasserturm des Schlossgartens und der Orangerie, Apfelstraße 12, 91054 Erlangen, Tel. 09131-89 70 94, www.musiceum.de

Wer am alten Wasserturm am Rande des Schlossgartens vorbeiläuft, der bekommt so einiges zu hören: Klaviermusik, Gitarrengezupfe oder Geigengefiedel, liebliche Melodien, flotte Rhythmen oder auch so manch bemühten, aber immer noch etwas schiefen Ton. Denn dort hat sich das Musikinstitut MusiCeum eingerichtet – seit 2003 können hier Kinder und Erwachsene das Spielen von Instrumenten lernen. Sogar Nachwuchs für das Erlanger Blockflötenorchester wird vor Ort ausgebildet.

Die einzigen Geräusche, die einst aus dem Anwesen in der Apfelstraße 12 zu vernehmen waren, stammten von rauschendem Wasser. Im Jahr 1705 erbaut, diente das Gebäude als Wasserturm für die markgräflichen Wasserspiele in der Orangerie und für den Brunnen im Schlossgarten. In den unteren Stockwerken wohnte der Wassermeister, über ihm lagerten riesige Wasserkessel. Erst die Abnahme des Glockenhäuschens und der oberen Stockwerke verlieh dem Turm 1870 sein heutiges Aussehen.

Ein Raum bleibt übrigens frei von Musik – der ehemalige Karzer unterm Dach. So wurden die universitären Arrestzellen genannt, die es damals in jeder Hochschulstadt gab. Im Erlanger Karzer mussten aufmüpfige Studenten der Friedrich-Alexander-Universität von 1839 bis 1898 nach Missetaten ihre Strafe absitzen. Was anfangs noch als strenge Disziplinarmaßnahme galt, entwickelte sich im Laufe der Jahre zunehmend zum Kult unter den Studenten. Wer im Karzer landete, gehörte gewissermaßen dazu. Die zahlreichen originalen Wandkritzeleien in der Arrestzelle zeugen von den einstigen feucht-fröhlichen Unternehmungen der Missetäter. Die Karzerstrafe selbst wurde mit der neuen Universitätsordnung zum Wintersemester 1913 abgeschafft.

Feucht-fröhlich ging es im alten Wasserturm erst Jahrzehnte später wieder weiter. Vor der Rückgabe der Räume an die Universität 1959 diente das Gebäude ab 1919 zunächst als Heimatmuseum der Stadt. Von 1962 bis Ende 1998 lockte schließlich eine Gaststätte Feinschmecker in den Turm. Die Gaststätte war es auch, die durch Anschlag ihres Namens an der Fassade fälschlicherweise den sich bis dato beständig haltenden Eindruck vermittelte, der gesamte Turm trage den Titel »Karzer«. Und so lernt heute so mancher Fagott- oder Geigenschüler sein Handwerk im Karzer ohne unbescholten einen Fuß in die eigentliche Arrestzelle setzen zu müssen. *SW*

Das Karzerzimmer war lange Zeit Namensstifter des ehemaligen Wasserturms am Schlossgarten.

Erlanger Poetenfest, Do–So am letzten Wochenende im Aug, Tel. 09131-86 14 08 (Kulturprojektbüro), www.poetenfest-erlangen.de

Erlanger Literaturreihe »seiten sprünge – Autoren in der Stadt«, Lesungen März–Juni, Informationen unter Tel. 09131-86 10 30.

Wer die Universitätsstadt aufsucht, der sollte einen Abstecher in den bezaubernden Schlossgarten nicht versäumen, wo an schönen Tagen Studenten und Müßiggänger den Rasen unter den Bäumen für Picknicks und ihre Siesta nutzen. Ob unter dem Magnolienbaum oder auf der Wiese am Brunnen – hier lässt sich mit beinahe südländischem Flair die Zeit vertreiben. Ein Schmuckstück des Parks ist die ab 1704 erbaute barocke Orangerie, deren Wassersaal heute wieder für Konzerte, doch auch für standesamtliche Trauungen genutzt wird.

Einmal im Jahr aber werden Park, Orangerie und verschiedene andere Schauplätze wie das Markgrafentheater oder das Kulturzentrum »E-Werk« (siehe Seite 200) zu Bühnen zeitgenössischer Literatur. Schon seit 1980 lädt die Stadt Erlangen zu einem Festival ein, das zu den renommiertesten seiner Art in der Republik zählt – ein leichter Auftakt in den ernsten Literaturherbst mit der großen Frankfurter Buchmesse. Im Zentrum der vier Augusttage steht die Revue der Neuerscheinungen im Schlosspark, bei der ein Dutzend Autoren nacheinander aus ihren erst kürzlich erschienenen Werken lesen – oder sogar aus Texten, die noch vor der Veröffentlichung stehen. Interviews mit den Autoren folgen den Lesungen, die bei schlechtem Wetter im angrenzenden Redoutensaal stattfinden. Weit über 10 000 Gäste ziehen die Veranstaltungen an verschiedenen Orten der Stadt, die Lesungen, Gespräche und Ausstellungen jedes Jahr an: Fans, die sich für Neuerscheinungen und potenzielle Bestseller interessieren und am Literaturleben teilhaben wollen. Renommierte deutschsprachige Autoren sind in Erlangen ebenso vertreten wie internationale Schriftsteller, Übersetzer und eher unbekannte Talente. Seit 1980 ist das Konzept des Poetenfests immer wieder erweitert worden. So wird mittlerweile etwa auch ein mit 5 000 Euro dotierter Literaturpreis für herausragende Übersetzungen fremdsprachiger Texte verliehen.

Alles, was an diesen vier Tagen auf dem Poetenfest passiert, steht im Zeichen des geschriebenen Wortes, doch längst nicht alles ist geschriebenes Wort. Filmbeiträge, Ausstellungen, Musik – die Veranstaltungen nehmen alle Facetten dessen auf, was man Literatur nennt, nicht nur die des Endproduktes »Buch«. Auf dem Poetenfest kann man Literatur hören, lesen, anfassen und wahrscheinlich sogar mit einem kühlen Drink zwischen zwei Programmpunkten in sich aufsaugen. Von März bis Juni versüßt außerdem das »seiten sprünge« Lesungsangebot die Wartezeit bis zum nächsten Poetenfest. *SA*

Das Erlanger Poetenfest lockt jedes Jahr Tausende Literaturliebhaber in den Schlossgarten.

E-Werk Kulturzentrum GmbH, Fuchsenwiese 1, 91054 Erlangen, Tel. 09131-80 05 55 (Karten-VVK & Info). Aktuelles Programm auf der Website www.e-werk.de

Ein gelber Blitz an der Fassade leuchtet all jenen den Weg, die abends in Erlangen auf der Suche nach Unterhaltung, Zerstreuung oder Kunst sind. Als eines der größten Kulturzentren in Deutschland bietet das weitläufige Areal des E-Werks, auf halber Strecke zwischen Bahnhof und Burgberg (siehe Seite 208) gelegen, mehr Veranstaltungen als manch eine deutsche Kleinstadt. Kein Wunder, dass es an Wochenenden und bei gutem Wetter um das ehemalige Elektrizitätswerk recht belebt zugeht. Dann muss man selbst auf dem riesigen Parkplatz ein wenig seine Bahnen ziehen, ehe man eine Lücke findet.

An lauen Sommerabenden verlegt das kleine E-Werk-Kino mit seinen 45 Plätzen Leinwand und Projektor nach draußen und zeigt im Biergarten sorgfältig ausgewähltes Filmgut zu erschwinglichen Preisen. Auf den vier Bühnen im E-Werk ist eigentlich immer etwas los und für jeden Geschmack etwas dabei. Wer gerne die regionale Musikszene kennenlernen will und sich für Bands interessiert, die noch im Werden sind, kann beim »Umsonst und Drinnen Club« junge Künstler erleben und manchen unentdeckten musikalischen Schatz finden. Wie der Name schon sagt, ist der Eintritt frei. Krimiliebhaber, die den Sonntagabend nicht gerne alleine verbringen, können im ersten Stock des E-Werks an einer der neueren deutschen Traditionen teilnehmen: Dort sitzen wie in einem riesigen Wohnzimmer die Menschen mit ihren Getränken auf Sofas und Stühlen vor einer großen Leinwand und erwarten gespannt eine der bekanntesten Titelmusiken des deutschen Fernsehens: die *Tatort*-Melodie. Zu besonderen Events wie den Fußballmeisterschaften sorgen statt raffinierter Morde und scharfsinniger Ermittler die Spiele für Spannung und Laune.

Neben Konzerten, Kabarett und Kultur veranstaltet das E-Werk auch regelmäßig Partys, bietet ein Kinderprogramm und viele andere Projekte an, über die ein Blick in den aktuellen Kalender auf der Homepage informiert. Schlendert man unter der Woche oder tagsüber an den Türen der Seminarräume und Werkstätten vorbei, ist es freilich meist stiller. Man hört kein Feiern, Lachen und Klingen. Aber vielleicht das Trippeln leichter Schritte, wenn sich im Saal gerade der Tanztee trifft oder das Rollen der Würfel, wenn man der Spielegruppe lauscht. Jongleure, Computerfreaks, angehende Literaten und Töpfer wirbeln, programmieren, fabulieren und formen im E-Werk – und weben ein dichtes, lebendiges Netz von Kunst, Kultur und Unterhaltung in die kleine Universitätsstadt. *HA*

Im Kulturzentrum E-Werk finden regelmäßig Konzerte, Lesungen und Partys statt.

| 201

Erlanger Zauberkeller, Martin-Luther-Platz 5,
91054 Erlangen, Karten-VVK und Informationen
bei Pero Tel. 09131-3 88 29 oder 0179-6 32 05 04.
Showbeginn 20.00 Uhr, Einlass 19.30 Uhr. Termine
auf der Website www.zauberkeller-erlangen.de

Verein zur Erhaltung der mittelalterlichen Keller
am Martin-Luther-Platz in Erlangen e. V.,
Martin-Luther-Platz 5, 91054 Erlangen,
Tel. 09135-82 83, Veranstaltungsangebot auf
der Website www.gewoelbekeller-erlangen.de

Obwohl sie in einem winzigen Keller auftreten, müssen sich Petar »Pero« Bozic und Klaus »Mäd Schick« Hasselbacher, die beiden fränkischen und mitunter auch zänkischen Zauberer, mit ihren Programmen keinesfalls verstecken. Tatsächlich gibt es wohl kaum einen stimmungsvolleren Ort für die unglaublichen und faszinierenden Kunststücke des Illusionisten-Duos, mit zusammen mehr als 40 Jahren Erfahrung, als die kleine Bühne im Gewölbekeller unter dem Martin-Luther-Platz.

Ein roter Teppich führt in die magische Unterwelt hinab, den Gastraum betritt man durch einen dichten Vorhang. Dahinter blicken erwartungsvolle Gesichter gespannt auf die Hände der beiden Zauberkünstler. Zwei Stunden dauert die Show, während der immer wieder herzhaft gelacht wird, wenn Mäd Schick in die Rolle des griesgrämigen Hausmeisters Assel schlüpft und sich mit Pero unterhaltsame Wortgefechte und überraschende Zauberduelle liefert. Über dem Staunen und der guten Bewirtung vergisst man die Zeit, und in der Pause erwarten *Weller*-Bier und warme Butterbrezen die gut gelaunten Gäste – auf einer liebevoll zur Bar umgestalteten Badewanne.

Am Ende der Show würdigt ein lang anhaltender Applaus die beiden Künstler. Viel bereichernder allerdings wäre für die zwei ein heimlicher Blick in die Gesichter der Kinder, die selbstvergessen und mit strahlenden Gesichtern in den ersten Reihen sitzen und wohl noch gar nicht ganz begriffen haben, dass sie nun wieder nach Hause gehen müssen. Einmal im Monat, meist freitags, stehen abwechselnd »Double table«, »Maggi oder Magie?« und »Wen wundert's« auf dem Spielplan.

Es gäbe übrigens heutzutage keine Veranstaltungen in den ehemaligen Vorratsräumen der Tauberbrauerei ohne das Engagement des »Vereins zur Erhaltung der mittelalterlichen Keller am Martin-Luther-Platz«. In mühevoller Handarbeit haben seine Mitglieder die historischen Keller sorgsam trockengelegt und renoviert. Eine öffentliche Führung mit dem Titel »Das Gwaaf einer Magd – Die Bierstadt Erlangen« findet mehrmals im Jahr statt. Außerdem stehen die Räumlichkeiten jungen Künstlern der Region für Ausstellungen zur Verfügung. Wer etwas zu feiern hat, kann die Räume auch privat mieten, um Geburts- und Hochzeitstag gepflegt ins Mittelalter zu verlegen. Auch Mäd Schick und Pero bieten zauberhafte Feiern an, bei denen sie das Essen mit ihrer Magie würzen. *HA*

Pero und Mäd Schick (von links) erfüllen das
Kellergewölbe am Martin-Luther-Platz mit Magie.

Galerie Treppenhaus, Henkestraße 91, 91052 Erlangen,
Tel. 0177-7 29 96 65, www.galerie-treppenhaus.de,
Öffnungszeiten Mo–Do 9.00–20.00, Fr 9.00–19.00 Uhr.

Café SchwarzStark, Henkestraße 91, 91052 Erlangen,
Tel. 09131-53 05 30, www.schwarzstark.de,
Öffnungszeiten Mo–Fr 8.00–19.30 Uhr.

Ein ungewöhnlicher Ort zwischen Kunst und Alltag

Treppenhäuser sind eher pragmatische Gebäudeteile; sie dienen als Verbindung zwischen den Stockwerken. Durch ein Treppenhaus geht man, um von hier nach dort zu gelangen. Doch im ZMPT (Zentrum für medizinische Physik und Technik) lädt das Treppenhaus zum Verweilen ein. Hohe Glasfronten, diagonale Treppen und senkrechte Säulen geben dem Raum eine interessante Struktur.

Die ungarische Künstlerin Gabriella Héjja erkannte das Potenzial dieser Räumlichkeiten und gründete hier 2006 eine Galerie. Schwerpunkt des Portfolios bildet die Fotografie, für die Héjjas Interesse bereits in Ungarn über die Arbeit als Fotomodell geweckt wurde. Mit regelmäßigen Fotowettbewerben und dem Angebot des Kunst-Leasings versucht die Künstlerin, die Fotografie als Teil der bildenden Künste zu stärken.

Breite Treppen verbinden die drei offenen Etagen der etwa 500 Quadratmeter großen Ausstellungsfläche. Von oben fällt der Blick ins *Café SchwarzStark* in der Eingangshalle. Von dort dringen Lounge-Musik und leise Unterhaltungen herauf. Holzverkleidete, rot gestrichene Wände nehmen den weißen Fluren mit den dunklen Bodenfliesen die sterile Seriosität und verleihen der Galerie einen ansprechenden, modernen Stil. Die Bilder hängen zum Teil frei, sodass Sonnenlicht sie von hinten durchscheint und auf eigentümliche Weise zum Leuchten bringt. Neben Héjjas Arbeiten sind Werke verschiedener zeitgenössischer Künstler zu sehen. Auch die internationale Zusammenarbeit, insbesondere der intensive deutsch-ungarische Austausch, liegt der Galeristin am Herzen.

Etwas irritieren kann die elektronische Dartscheibe zwischen den Kunstwerken. Sie gehört wohl noch zum Cafébetrieb und verweist unmittelbar auf die Verbindung von Kunst und Alltag an diesem Ort. Seminarteilnehmer, Wissenschaftler und Cafégäste werden zu Galeriebesuchern. Kunstinteressierte können durch Glasfronten direkt in die Büros und Labore der ansässigen Institute und Firmen schauen.

Héjja versteht Kunst und Alltag nicht als getrennte Bereiche des Lebens. Ihr Ziel ist, die Vielfalt analoger und digitaler Ausdrucksmittel der Fotografie zu zeigen und Besucher für ihren speziellen ästhetischen Ausdruck zu begeistern. Dazu braucht Kunst keinen separierten Sonderort. In der Galerie Treppenhaus steht die Kunst im öffentlichen Raum und deshalb mitten im Leben. *AK*

Die Galerie Treppenhaus:
eine »offene« Plattform für die bildende Kunst.

Heinrich-Kirchner-Skulpturengarten, am Südhang
des Burgbergs, 91052 Erlangen. Zugang über
Burgbergstraße, An den Kellern oder Enkesteig.
Ganzjährig frei zugänglich, außer zur Bergkirchweih
(in der Woche nach Pfingsten). Führungen buchbar
unter Tel. 09131-8 95 10 (Tourist-Info).

Neben den Nürnberger Hesperidengärten (siehe Seite 118) ist der Skulpturengarten in Erlangen wahrscheinlich eine der schönsten Parkanlagen der Region. Im Norden der Universitätsstadt auf einem sonnigen Hang gelegen, erreicht man ihn von drei Seiten: über die Burgbergstraße, An den Kellern oder den Enkesteig. Wildromantisch klammern sich efeubewachsene Bäume auf verfallenen Mauern fest, Schotterwege und steile Treppchen ziehen sich über die Hänge, führen an einem alten Steinbruch vorbei und um kleine Terrassen herum. Das Gelände entstand im 19. Jahrhundert aus einem früheren Villen- sowie einem ehemaligen Obstgarten. Der Hang bietet an klaren Tagen einen herrlichen Blick auf die Stadt und lässt selbst die Hochhäuser und Industrieschlote idyllisch wirken. Auf den südlich abfallenden Wiesen blüht im Frühjahr ein Meer von Krokussen und Schneeglöckchen. Ein winziges Gartenhaus aus Sandstein – Ende des 18. Jahrhunderts erbaut – lädt mit moosbewachsenen Steinbänken zum Ruhen im Schatten ein.

Der Skulpturengarten wurde 1982 dem bedeutenden Bildhauer Heinrich Kirchner (1902–1984) gewidmet. Eigentlich sollte der gebürtige Erlanger den familiären Holzverarbeitungsbetrieb übernehmen. Stattdessen kehrte er seiner fränkischen Heimat den Rücken, um an der Akademie der Bildenden Künste in München zu studieren, wo er von 1952 bis 1970 dann auch eine Professur für Bildhauerei übernahm. Aus seinem Werk spricht ein religiös-humanistisches Weltbild, unter anderem geprägt durch die beiden Weltkriege.

So recken sich auf den offenen Flächen des Parks bronzene Körper in den Himmel, monumentale Werke mit eingeritzten Zitaten und Sinnsprüchen versehen. Als fragten sie den weiten Himmel über sich nach dem Sinn des menschlichen Daseins, stehen sie da und rühren den Betrachter mit ihrer Schlichtheit und Größe an. Im westlichen Teil des Gartens, etwas dichter bewachsen und parkähnlicher, findet man die früheren, kleineren Plastiken Kirchners. Der *Neue Adam*, die Füße direkt auf dem Erdreich, wirkt fast wie ein Spaziergänger, der dem Besucher begrüßend die Arme entgegenstreckt. Für einen Ausflug mit dem/der Liebsten, für eine besinnliche Stunde oder einfach zum Frische-Luft-Schnappen ist der Skulpturengarten vor allem in den eisfreien Monaten ein Geheimtipp. Die im Gartenhäuschen untergebrachte Ausstellung zum Burgberg- und Skulpturengarten wird nach telefonischer Vereinbarung geöffnet. *HA*

Heinrich Kirchners *Bild des Hoffens:*
Drei Bronzefiguren recken ihre Arme gen Himmel.

Entlas Keller, An den Kellern 5–7, 91054 Erlangen,
Tel. 09131-2 21 00, www.entlaskeller.de, Öffnungszeiten
Apr–letzter So im Sep tägl. 11.00–23.00 Uhr.
So 11.00 Uhr Führung in die Keller.

Guldens Bergstube – Café-Bistro-Bäckerei,
Bergstraße 1, 91054 Erlangen, Tel. 09131-5 30 10 90,
www.echte-gulden-brezen.de, Öffnungszeiten
Mo, Do–Sa 7.00–20.00, So und Fei 9.00–20.00 Uhr.

Brezen Meyer – Bistro B2, Bayreuther Straße 2,
91054 Erlangen, Tel. 09131-9 73 29 34,
www.brezen-meyer.de, Öffnungszeiten
Mo–Sa 6.30–18.00, So 7.30–17.00 Uhr.

Der Burgberg in Erlangen hat mehr zu bieten als die Bergkirchweih

Zwölf Tage über Pfingsten sind in Erlangen Ausnahmezeit. »Der Berg ruft« heißt es, und Tausende strömen zur Bergkirchweih. Das Bier, den Rummel, die Geselligkeit – das können in der ganzen Tiefe des Gefühls nur Eingeborene wirklich verstehen. Aber die Zugezogenen machen gerne mit, wenn junge und junggebliebene Leute auf Bierbänken tanzen und sich an Buden und Karussells entlang der Keller verlustieren.

Das hat Tradition: 1755 wurde die erste Bergkirchweih in Erlangen gefeiert – ganz nahe beim Bier, denn hier lagerten die ortsansässigen Brauereien den süffigen Gerstensaft. 1675 war der *Erich-Keller* in den Berg getrieben worden, später wurden 16 weitere Stollen gebaut. Der *Henninger Keller* führt mit 861 Metern Länge sogar unter dem ganzen Berg hindurch.

Weil aber alle Keller, mit einer einzigen Ausnahme, nur zur Kerwa bewirtschaftet werden, gilt dieser Tipp dem ruhenden Berg. Ein Naturidyll, hinter dem die Stadt verebbt.

Wer die Bergstraße hinangestiegen ist, wendet sich nach rechts und flaniert »An den Kellern« einige hundert Meter weit unter den Bäumen. Der Eingang zum Burgberggarten liegt linker Hand, über eine Treppe gelangt man in dieses gepflegte Paradies. Flieder blüht, Bienen summen und im grünen Gras stehen die monumentalen Skulpturen von Heinrich Kirchner (siehe Seite 206), dem in Erlangen geborenen Bildhauer (1902–1984). Zwischen dem *Wächter im Garten Eden*, dem *Mann im Boot* oder dem *Friedensboten* herrscht himmlische Ruhe. Bänke laden zum Verweilen ein. Der richtige Platz, um sich mit einem guten Buch niederzulassen. Zurück führt der Weg den Hang hinauf zum *Bild des Hoffens* und von dort aus westwärts, wo kleinere Figuren ausgestellt sind, und dann den Enkesteig hinab.

Wer mag, kehrt sogleich im *Entlas Keller* ein. Es gibt knusprige Schweinshaxe mit Sauerkraut, Ente mit Kloß und Blaukraut und was das Herz sonst begehrt. Wie in allen bayerischen Biergärten aber ist auch am Burgberg Brauch, dass die Besucher ihr Essen mitbringen dürfen – und nur das Bier dazu kaufen müssen. Echte Erlanger packen deshalb den Radi und Tomaten, Sülze und ein Stück Käse ein, nehmen beim *Brezen Meyer* oder der *Bäckerei Gulden* eine frisch gebackene Breze mit und genießen im Schatten unter Kastanien und Linden das Leben. *GP*

Der *Entlas Keller* hat als einziger Erlanger Bierkeller nicht nur zur Bergkirchweih geöffnet.

Botanischer Garten, Loschgestraße 1–3,
91054 Erlangen, Tel. 09131-8 52 29 69,
www.botanischer-garten.uni-erlangen.de,
Öffnungszeiten Freiland Sep–Mai tägl. 8.00–16.00,
Jun–Aug tägl. 8.00–17.30 Uhr.
Gewächshäuser Di–So und Fei 9.30–15.30 Uhr.
Neischlhöhle Apr–Sep So 14.00–16.00 Uhr. Nur unter
Aufsicht.

Aromagarten, Ecke Palmsanlage/Martiusweg,
91054 Erlangen. Öffnungszeiten Apr–Okt
tägl. 7.00–19.00 Uhr.

Ein kleines Paradies mitten in Erlangen

Loki Schmidt war Botanikerin mit Leib und Seele. Für ihren Bildband *Die Botanischen Gärten in Deutschland* legte die Gattin von Altkanzler Helmut Schmidt ganze 26 000 Kilometer zurück. Eine Station machte sie in Erlangen und war mehr als begeistert: »Der Botanische Garten Erlangen ist zwar einer der kleinsten Gärten Deutschlands. Er ist aber gärtnerisch bis in die feinsten Details gelungen angelegt und bietet viele Anregungen.«

Eine solche Anregung ist der Fernöstliche Garten mit seinen Hortensien und Azaleen, eine wahre Ruheoase inmitten einer Riesenoase aus über 4 000 Pflanzen. Oder der Arzneigarten mit seinen duftenden Kräutern und Gewürzen. Immer der Nase nach geht es auch im einen Kilometer entfernten Aromagarten im Schwabachtal – ein optischer und aromatischer Genuss für die Sinne. Begründet durch Prof. Dr. Karl Knobloch vom Erlanger Institut für Botanik und Pharmazeutische Biologie wurde der Garten 1981 als der weltweit Erste seiner Art eröffnet. Auf knapp einem Hektar reihen sich Baldrian an Salbei und Duftrosen an Thymian, grenzt eine Minzwiese an ein Lavendelfeld und ein Fliederwäldchen.

Es sind nicht nur Anregungen, die der Botanische Garten bietet, sondern auch Überraschungen: die Neischlhöhle mit täuschend echt nachgebildeten Tropfsteinen zum Beispiel oder eine 150 Jahre alte »zwitschernde« Eiche – Wissenschaftler der Friedrich-Alexander-Universität geben ihr eine Stimme und berichten auf Twitter über das aktuelle Befinden des Baums. Noch älter ist der Garten selbst: Seine Wurzeln reichen bis ins Jahr 1626 zurück, als in Altdorf ein medizinisch-akademischer Garten für die Universität der Stadt Nürnberg eingerichtet wurde. Nach der Auflösung dieses »Hortus Medicus« kamen einige Pflanzen nach Erlangen. Vier Jahre nach der Gründung der Friedrich-Alexander-Universität wurde 1747 in der südlichen Altstadt ein Botanischer Garten angelegt. An seiner heutigen Stelle besteht er seit 1828.

Seither zieht es Pflanzenliebhaber und Erholungssuchende in Erlangens farbenfrohes Herz. Wo sonst kann man für wenige Stunden eine Winterauszeit nehmen? In den liebevoll gestalteten Gewächshäusern wird der Besucher in eine immergrüne Welt entführt, sei es im Palmenhaus mit seinen tropischen Pflanzen oder im Kanarenhaus mit der einzigartigen Vegetationsvielfalt der makaronesischen Inseln – und das auf nur wenigen Quadratmetern. *SW*

Ein japanisches Torii markiert den Eingang zum
fernöstlichen Teil des Botanischen Gartens.

Jugendkunstschule im Freizeitzentrum Frankenhof,
Südliche Stadtmauerstraße 35, 91052 Erlangen,
Tel. 09131-86 28 12 (Bürozeiten Mo–Fr 8.00–13.00 Uhr).
Kursübersicht auf der Website www.juks-erlangen.de

Jugendkunstschule Erlangen
Ort der kreativen Begegnung
mit sehenswerten Spuren

96

Das Freizeitzentrum Frankenhof. Auf den ersten Blick ein unauffälliger Sechzigerjahrebau, doch ein großes Comicbild an der Fassade macht neugierig. Wer genau hinschaut, entdeckt noch mehr. Überall in und am Gebäude erinnern Wandmalereien und Bilder an die Projekte der ansässigen Jugendkunstschule. Sie bezeugen 28 Jahre kreativer und engagierter Vergangenheit, in der die »JuKS« das Motto der Stadt »Offen aus Tradition« verwirklichte: Offen für alle Kinder und Jugendlichen, offen für eine Vielfalt an Materialien und Techniken, von Malerei, Druck, Zeichnung und Skulptur bis zu Fotografie, Film, Bühnenkunst und Tanz. Offen auch für diverse Veranstaltungsorte und Kooperationen mit anderen Einrichtungen und Schulen.

Die etwa 600 Teilnehmer jedes Semester hinterlassen ihre Spuren in der Stadt: eine Ausstellung im Rathaus, eine Dschungellandschaft in der Schultoilette, ein Trickfilm im E-Werk ... und eine eigene JuKS-Galerie im Frankenhof selbst. »Zu Semesterbeginn werden diese Räume zu magischen Orten«, beschreibt Annette Rollenmiller, Leiterin der JuKS, die besondere Atmosphäre. Sie versteht die Kunstschule als Experimentierort. Action Painting oder geschütztes Malen nach Arno Stern? Den Lebensraum Wald erkunden oder eine Camera obscura bauen? Hier wird »begreifbar«, was mit allen Sinnen entdeckt wird. Die Kunstpädagogin gibt nur Impulse, dann kommt die Kugel ins Rollen, und rollt und rollt ...

Was dabei entsteht, beeindruckt Annette Rollenmiller immer wieder. So wie die Aktion eines Künstlers im Flüchtlingsheim in Anger. Zusammen mit Bewohnern des Stadtteils hat er das Wohnheim verschönert. Aus diesem Projekt entstanden die Wand-Er-Bilder. Collagen, die gemietet werden und so durch Erlangen migrieren. Der Erlös kommt der Flüchtlingsbetreuung zugute.

Ein besonderes Highlight bildet das Jugendkunstfestival »dance & art«. 2013 konnten Jugendliche hier Graffiti sprühen, Recycling-Schmuck herstellen, mit Milchtütendruck eigene T-Shirts gestalten und in selbstgebauten Sitzmöbeln ausspannen. Als Höhepunkt traten hiesige und angereiste Tänzer bei einem Hip-Hop- und Breakdance-Battle gegeneinander an. Eine Neuauflage des Festivals ist für 2015 geplant, dann allerdings im E-Werk (siehe Seite 200). Ziel des Festivals ist die kreative Begegnung junger Menschen. Denn Kunst ist eine gemeinsame Sprache, die man in der JuKS mit allen Sinnen lernen kann. *AK*

Die Projektarbeiten der Jugendkunstschule können sich sehen lassen.

ⓘ Jugendfarm, Spardorfer Straße 82, 91054 Erlangen,
Tel. 09131-2 13 65 (Bürozeiten Mo–Fr 9.30–13.00 Uhr),
www.jugendfarm-er.de, Öffnungszeiten
Jugendfarm tägl. 9.30–18.00 Uhr.
Cafè Hühnerstall Do–So 12.00-17.00 Uhr.
»Offene Tür«-Betreuung (in der Schulzeit)
Do–Fr 14.00–18.00, Sa 10.00–18.00 Uhr.
Ferienbetreuung (in den bayerischen Schulferien)
Mo–Fr 7.30–17.00 Uhr. Nur nach telefonischer
Anmeldung oder über das Formular auf der Website.

Auf Du und Du mit Pony und Esel

Wo ein Wikingerschiff im Wald ankert, Bienen und Wespen in einem Insektenhotel übernachten, Ponys und Esel ziemlich beste Freunde sind, da kann die Erlanger Jugendfarm nicht weit sein. Ist sie auch nicht, denn eigentlich steht man schon mittendrin – und um einen herum tollt eine Horde Kinder zwischen gackernden Hühnern und schnatternden Gänsen.

Die Jugendfarm ist eine Tagesstätte der besonderen Art. Dieses Attribut verdankt sie sicher nicht alleine der einzigartigen Lage mitten im Naherholungsgebiet Meilwald am nordöstlichen Rand der Universitätsstadt oder dem aktiv von Kindern und Jugendlichen mitgestalteten Abenteuerspielplatz, sondern auch dem zugrunde liegenden erlebnispädagogischen Konzept: Getreu dem Motto »Zukunft inklusive« dürfen sich die Sechs- bis 16-Jährigen auf der Jugendfarm nach Herzenslust austoben und ungezwungen frei bewegen. Dabei ist es egal, woher sie kommen, welche Hautfarbe sie haben und an wen oder was sie glauben. Egal, ob groß, ob klein, ob dick oder dünn, alle sollen hier zusammengebracht werden, jeder soll sich entfalten können, so die Grundidee der 1976 gegründeten Freizeiteinrichtung.

Seit 2004 kooperiert die Jugendfarm darüber hinaus mit der Erlanger Lebenshilfe, unter pädagogischer Betreuung verbringen behinderte sowie nicht-behinderte Kinder und Jugendliche ihre Freizeit ganz selbstverständlich miteinander. Es wird gemeinsam gekocht, gegessen und gespielt. Berührungsängste werden abgebaut, es wird nicht unterschieden zwischen »normal« und »nicht-normal«.

Aber was heißt schon normal? Normal auf der Farm ist, dass Hühner in einem gelben Bauwagen wohnen, dass Kinder ein eigenes Stück Garten bewirtschaften oder auf dem Bastelplatz hämmern und sägen dürfen. Dass die Sechs- bis 16-Jährigen beim Schafescheren zuschauen und danach die Wolle selbst verarbeiten dürfen. Aktiv sein ist unbedingt erwünscht: Sei es, das Pony vor dem Ausritt eigenhändig zu satteln oder als Artist beim jährlichen Zirkus »Lillimo« aufzutreten. Dieser ist inzwischen Kult und der absolute Höhepunkt des Ferienprogramms.

Die tierische Jugendfarm ist aber auch während der Schulzeit geöffnet, hier gilt laut Eigenbeschreibung »offene Kinder- und Jugendarbeit«. Das heißt: Die Kinder und Jugendlichen können kommen und gehen, wie es ihnen beliebt. Der bunte Lattenzaun steht ihnen jederzeit offen. *SW*

Die Jugendfarm im Erlanger Meilwald ist ein Ort der Bildung und der Freizeit.

ⓘ Walderlebniszentrum Tennenlohe, Franzosenweg 60,
91058 Erlangen, Tel. 09131-60 46 40 (Büro),
www.walderlebniszentrum-tennenlohe.de,
Öffnungszeiten Nov–Feb Mo–Do 7.30–16.00,
Fr 7.30–14.00, So und Fei 11.00–17.00 Uhr.
März–Okt Mo 7.30–12.00, Di–Do 7.30–16.00, Fr
7.30–18.00, Sa 13.00–18.00, So und Fei 11.00–18.00 Uhr.
Ostern und Weihnachten geschlossen.

Naturschutzgebiet Tennenloher Forst, Turmberg 3,
91058 Erlangen, Tel. 09131-6 14 63 45, Führungstermine
auf der Website www.wildpferde-tennenlohe.de

Die funkelnden dunklen Augen des Wildschweins machen wirklich einen furchterregenden Eindruck. Und ob man dem Käuzchen draußen im Wald jemals so nahe gekommen wäre, bleibt fraglich. Aber hier im Walderlebniszentrum Tennenlohe lassen sich heimische Wild- und Waldtiere, wie Fuchs, Dachs, Bussard oder Specht ganz aus der Nähe bestaunen – zumindest in präpariertem Zustand.

Im Häuschen nebenan kann man sein Wissen über die Reichswälder Baumarten testen. Wer weiß schon, dass die Hainbuche immerhin 25 Meter hoch und bis zu 150 Jahre alt wird, die Winterlinde es dagegen auf 35 Meter Höhe und unglaubliche 1 000 Jahre Lebensalter bringen kann? Auf dem »Forsthistorischen Lehrpfad« unternimmt man eine spannende Zeitreise in die Ära von Streunutzung, Köhlerei und Seegrasgewinnung. Auch wenn beim Seegras, das der Polsterung von Matratzen und Polstermöbeln diente, ein bisschen geflunkert wurde. Hier gab es nämlich nicht das echte Seegras, sondern eine Segge, die weitaus günstiger zu gewinnen war. Haben die Pforten des Walderlebniszentrums geschlossen, kann man den Naturerlebnispfad im Außengelände erkunden. Auf dem Barfußpfad erfühlt man diverse Untergründe mit den nackten Sohlen – vorzugsweise mit geschlossenen Augen. Legt man sein Ohr an das Baumtelefon, stellt man erstaunt fest, wie weit selbst ein leises Klopfen durch das Holz trägt. Es macht aber auch Spaß, sich einfach nur beim »Tierweitsprung« mit Hase und Reh zu messen oder den Zapfenzielwurf zu trainieren.

Nicht weit entfernt trifft man auf Waldtiere, die zwar nicht typisch einheimisch aber dennoch inzwischen im Tennenloher Forst zu Hause sind – die Urwildpferde. Es lohnt sich, die vierbeinigen Landschaftspfleger zu beobachten, wie sie ohne Rechen und Harke, dafür mit Wälzen und Scharren, die karge Steppenlandschaft von Sandmagerrasen und Heide offen halten. So wird der Lebensraum für viele schützenswerte Tier- und Pflanzenarten, wie die Heidelerche, den Sandlaufkäfer oder die blauflügelige Ödlandschrecke bewahrt. Für die Przewalski-Hengste hingegen heißt es, sich auf die Lebensbedingungen in der kasachischen Steppe vorzubereiten. Nachdem die Wildpferde 1970 bereits als ausgestorben galten, konnte ihr Bestand durch Aufzucht in Zoos fortgeführt werden. Im Anschluss an ihr Trainingscamp im Tennenloher Forst dürfen sie, angesiedelt in einem 7 500 Quadratkilometer großen Nationalpark, in ihre ursprüngliche Heimat zurückkehren. *SS*

Die Przewalski-Wildpferde im Tennenloher Forst erfreuen sich bester Gesundheit.

Käse-Ecke Waltmann, Friedrichstraße 10, 91054 Erlangen, Tel. 09131-20 71 87, Öffnungszeiten Mo–Fr 8.30–18.00, Sa 8.30–14.00 Uhr. Termine für die Käse-Seminare auf der Website www.waltmann.de

Alles Käse und hohe Kunst
Meisterlich veredelte Sorten
von Affineur Volker Waltmann

Säuerlich und streng, dabei doch satt und samtig – jedem, der bei Waltmann in Erlangen vor der Theke steht, läuft das Wasser im Mund zusammen. 260 Sorten Käse liegen hier aus, angefangen bei Schimmel- und Ziegenkäse über würzigen Hartkäse bis hin zu sahnigen Kreationen wie dem »Brillat Savarin«, einem Rohmilchkäse, der auf der Zunge zergeht.

Auf den Markisen vor dem Laden steht noch schlicht »Käse-Ecke«, doch drinnen hat längst die feine Lebensart Einzug gehalten. »Maitre Affineur« darf sich Volker Waltmann nennen, der den Laden in zweiter Generation führt. Ein Ehrentitel, verliehen von einer französischen Gilde – denn Waltmann weiß, wie aus gutem Käse eine echte Delikatesse wird.

»Le Cados« beispielsweise, ein Camembert, von Semmelbröseln umhüllt und in Calvados getränkt. Oder »Tomme de Savoie«, ein in Trester gereifter Schnittkäse. Auf diese »Schnapsidee« kam Waltmann, als er bei einem Käser in den Savoyen eingeschneit wurde und so auch beim Schnapsbrennen zusehen konnte. Die Trestermaische taugt vorzüglich, um dem Käse eine charakterstarke Note zu bescheren.

98 Prozent der Käse affiniert der Maitre selbst. Wälzt wagenradgroße Laibe in Heu, Salbei oder gehackten Holunderblüten, wäscht sie mit Whisky oder Cidre, lässt einige sogar im Barriquefass reifen. Wer alles darüber wissen will, sollte ein Käse-Seminar besuchen: hier macht Waltmann im kleinen Kreis mit Basics und Besonderheiten bekannt. Die Termine sind meist ein halbes Jahr im Voraus ausgebucht, denn der Affineur berichtet aus erster Hand und der Käse, nun, mmmh.

Die Zutaten stammen aus Deutschland, Frankreich, Italien und der Schweiz, aus den Niederlanden und England. Seine veredelten Schätze, sagt Waltmann, könne er in 24 Stunden in die ganze EU liefern. Denn natürlich kann man den Käse auch im Internet bestellen. Viele Kunden schauen aber lieber persönlich vorbei. Nicht nur der Käse zeigt sich von seiner schönsten Seite, sondern auch alles, was dazugehört: vor Ort aufgebackene französische Brote, Wein und Champagner, Nudeln, exotische Chutneys und Zwiebelkonfitüre.

Die Käse-Seminaristen lesen ihre Wünsche mit seligem Lächeln von der Einkaufsliste ab, alle anderen sollten sich den Kassenbon aufheben – er vermerkt alle Sorten mit Vor- und Zunamen. *GP*

Im Laden von Volker Waltmann werden Käse-Kreationen vom Feinsten angeboten.

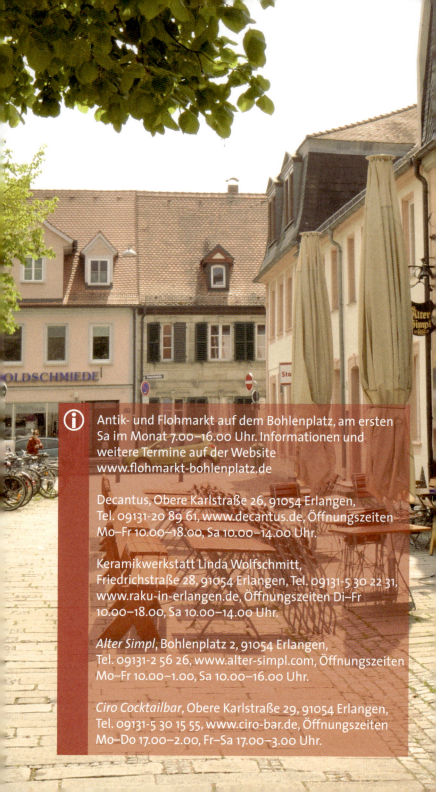

(i) Antik- und Flohmarkt auf dem Bohlenplatz, am ersten Sa im Monat 7.00–16.00 Uhr. Informationen und weitere Termine auf der Website www.flohmarkt-bohlenplatz.de

Decantus, Obere Karlstraße 26, 91054 Erlangen, Tel. 09131-20 89 61, www.decantus.de, Öffnungszeiten Mo–Fr 10.00–18.00, Sa 10.00–14.00 Uhr.

Keramikwerkstatt Linda Wolfschmitt, Friedrichstraße 28, 91054 Erlangen, Tel. 09131-5 30 22 31, www.raku-in-erlangen.de, Öffnungszeiten Di–Fr 10.00–18.00, Sa 10.00–14.00 Uhr.

Alter Simpl, Bohlenplatz 2, 91054 Erlangen, Tel. 09131-2 56 26, www.alter-simpl.com, Öffnungszeiten Mo–Fr 10.00–1.00, Sa 10.00–16.00 Uhr.

Ciro Cocktailbar, Obere Karlstraße 29, 91054 Erlangen, Tel. 09131-5 30 15 55, www.ciro-bar.de, Öffnungszeiten Mo–Do 17.00–2.00, Fr–Sa 17.00–3.00 Uhr.

Jeden ersten Samstag im Monat beginnt das Leben auf dem Bohlenplatz sehr früh. Unter dem grünen Dach von Maulbeerbäumen und Kastanien stehen die Tische und Pavillons der Trödler dicht an dicht. Über Besuchermangel muss sich Frankens ältester Trödelmarkt nicht beschweren, heißt es doch, dass man hier einfach alles finden kann.

Die Grünfläche mitten in der Stadt mit ihren Spielplätzen, den Wiesen und weißen Kieswegen wirkt ein wenig geschützter und heimeliger als der nahe Schlosspark. Auf den Wegen spielen Kinder ungestört Federball, Paare liegen zwischen Löwenzahn und Gänseblümchen und Familien picknicken im Schatten der Kirche. Die Karl- und die Friedrichstraße mit ihren historischen Fassaden umfrieden den kleinen Park. In den Häusern finden sich viele sympathische Läden:

»Decantus« zum Beispiel verkauft hochwertige Produkte für Feinschmecker, wie Wein, Öl, Essig und Spirituosen. Das Schaufenster der Keramikwerkstatt Wolfschmitt mit seiner bunten Mischung aus geschmackvollen Vasen, handgefertigten Stofftieren und modischen Taschen lockt in den Verkaufsraum. Linda Wolfschmitt brennt Steinzeug und Keramik in der einzigartigen japanischen Raku-Technik, die den Teeschalen und Kannen ihr archaisch-herbes Äußeres verleiht. Eines der schönsten Gebäude, ein Bürgerhaus von 1739, beherbergt die Traditionsgastwirtschaft *Alter Simpl*, deren Speisekarte und urige »Stuben« jedes fränkische Herz höher schlagen lassen. Hier findet man noch original fränkische Wirtshauskultur, wo man sich bei Schäufele und Landbier wohlfühlen kann. Wer eher auf fruchtige Cocktails steht, ist bei *Ciro* an der richtigen Adresse. Der Chef und international ausgezeichnete Barkeeper Ciro Mattera – seit zwanzig Jahren ein Original der Erlanger Barszene – mixt die bunten Drinks noch höchstpersönlich.

Als 1728 der Bau der Deutsch-Reformierten Kirche begann, gab es noch keinen Bohlenplatz. Sechs Jahre später stand das fertiggestellte Gotteshaus mitten im Armutsviertel, umgeben von Schutt und Sandgruben. Obwohl schon 1740 mit dem Begrünen begonnen worden war, schuf erst 1826 ein großzügiges Geschenk des bayerischen Königs – die Pflanzung von 450 Maulbeerbäumen – die Grundlage für das Entstehen des Parks. Durch verkehrsberuhigende Maßnahmen in den Achtzigerjahren des vergangenen Jahrhunderts erhielt der Bohlenplatz schließlich seinen heutigen Charakter, eine Mischung aus städtischem Flair, historischem Ambiente und grünem Paradies. *HA*

Der Bohlenplatz: ein pittoreskes Paradies
im Herzen von Erlangen.

Autorinnen und Autoren

Helwig Arenz, 1981 in Nürnberg geboren, wuchs in Fürth auf. Sein geisteswissenschaftliches Studium in Erlangen gab er zugunsten eines Schauspielstudiums in Linz auf, das er 2006 abschloss. Engagements an Bühnen u. a. in Hamburg, Wilhelmshaven, Memmingen und Hof folgten. Seit 2013 arbeitet er als Autor und Schauspieler u. a. am Stadttheater Fürth und am Theater Pfütze in Nürnberg. Im Frühjahr 2013 gewann sein Kurzkrimi *Tom und Tierchen* den Publikumspreis des 2. Fränkischen Krimipreises. 2014 erscheint im ars vivendi verlag sein Romandebüt *Der böse Nik*.

Sigrun Arenz, 1978 in Nürnberg geboren und in Fürth aufgewachsen, studierte Germanistik und Theologie und arbeitet als Gymnasiallehrerin. Als freie Journalistin für diverse fränkische Tageszeitungen ist sie vornehmlich in den Konzertsälen und Galerien der Region unterwegs. Bei ars vivendi erschien 2012 mit *Nicht vom Brot allein* bereits ihr dritter Regionalkrimi um das Ermittlerduo Sailer und Schatz. Sie schrieb außerdem Beiträge für Anthologien wie *Tatort Franken* oder *Christkindlesmorde* und ist Koautorin des erfolgreichen Freizeitführers *Jakobswege in Franken*. Inspiration findet sie in ihrem Garten, in den Pegnitzauen und in dem ein oder anderen in diesem Buch beschriebenen Café.

Anna Kampen wurde 1986 in Weener, Ostfriesland, geboren. Sie studierte an der Freien Universität Berlin sowie an der FAU in Erlangen Theater- und Medienwissenschaft und Pädagogik. Seit 2013 arbeitet sie als wissenschaftliche Mitarbeiterin am Institut für Theater- und Medienwissenschaft in Erlangen. Ihre fränkische Wahlheimat hat sie begeistert zu Fuß, mit dem Rad und auf Inlineskates erkundet und dabei womöglich besser kennengelernt als manch eingeborener Franke.

Gabi Pfeiffer, Jahrgang 1965, geboren und aufgewachsen im ländlichen Nordhessen, hat in Erlangen Theaterwissenschaft, Soziologie und Psychologie studiert. Nach ihrem Abschluss begann sie ein Volontariat bei den *Nürnberger Nachrichten* und arbeitete dort bis 2010 als Reporterin und Redakteurin in verschiedenen Lokalredaktionen. Seit 2011 schreibt und moderiert sie freiberuflich, unterrichtet Journalismus und hat das Bildungsprojekt »Straßenkreuzer Uni« mitbegründet. Sie ist außerdem Autorin mehrerer Bücher über Fürth und des Bandes *Codewort: Seidenstrumpf* über Spioninnen, erschienen im ars vivendi verlag.

Sylvia Schaub, 1967 in Hagen geboren, ist ehemalige Bucheinkäuferin und studiert aktuell Journalismus an der Freien Journalistenschule Berlin. Seit vielen Jahren engagiert sie sich im Kinder- und Jugendsportbereich. Bei ars vivendi hat sie bereits am *Ausflugs-Verführer Franken* sowie an *Nürnberg zu Fuß* mitgewirkt und ist Herausgeberin von *Familienausflüge in Franken*. Mit Vorliebe unternimmt sie mit Mann und Tochter Rad- und Wandertouren und spürt Ausflugsziele in ihrer fränkischen Wahlheimat auf.

Anna Schneider, geboren 1978 in Nürnberg, ist Journalistin. Nach dem Studium der Germanistik, Medienwissenschaften und Soziologie in Erlangen arbeitete sie sowohl in freier als auch fester Anstellung als Redakteurin für verschiedene fränkische Medien wie die *Nürnberger Nachrichten*, die *Hersbrucker Zeitung*, den *Bayerischen Rundfunk* und die *dpa Nordbayern*. Inzwischen ist sie auch als Kulturmanagerin für die Stadt Nürnberg im Einsatz.

Severine Weber, 1982 im rheinland-pfälzischen Kandel geboren, studierte Französische Literaturwissenschaft, Ethnologie und Interkulturelle Kommunikation an der LMU München und der Université Catholique in Lille, Frankreich. Sie war als freie Journalistin u. a. für die *taz* und den *Tagesspiegel* in Berlin sowie die *dpa* in Nürnberg tätig. Nach zwei Jahren ehrenamtlicher Beschäftigung ist sie seit 2013 als Redakteurin beim Sozialmagazin *Straßenkreuzer* angestellt und arbeitet außerdem als Übersetzerin aus dem Französischen.